KB202451

경계에 선 사람들 강화편

임경묵 지음

다바르
Dabar Bible School

목차

믿음을 품은 땅 강화도

문자가 기록으로 옛일을 전한다면, 땅은 흔적으로 옛일을 전합니다. 민족사와 교회사의 분화구인 강화도, 아직도 이 섬이 받아낸 역사의 흔적들은 그때의 진실을 말하고 있습니다. 유유히 흐르는 염해가 갯벌에 새겨놓은 그때의 이야기들은 가슴과 가슴을 통해 지금 우리들의 시간 속에 오롯이 담아냅니다. 역사란 무엇일까요? 에드워드 카아(Edward H. Carr)는 '역사는 과거와 현재의 끊임없는 대화'라고 정의했습니다. 역사는 단순한 과거의 기록이 아니라 현재와의 대화입니다. 그리고 그 대화를 통해 현재의 자리를 확인시켜주고 현재가 나아갈 미래를 제시해 주는 나침반과도 같은 것입니다.

피의 땅이라 불릴 만큼 고단했던 부침의 땅 강화도는 역사 속에서 참 힘겨웠던 섬이기도 했습니다. 민족의 시련과 수난의 역사를 뼈저리게 경험했던 19세기 말 강화도의 기독교 역사도 함께 시작되었습니다. 신미양요를 통해 서구인들과의 전쟁을 치른 경험이 있던 강화인들은 서양 선교사들의 접근을 쉽게 허용하지 않았습니다. 그래서 강화는 어느 곳보다 많은 '한과 눈물'을 간직한 채 수난과 저항의 역사를 체험한 곳입니다. 1892년 여름부터 인천에 머물며 선교활동을 시작한 존스 선교사는 강화읍에 들어가려다가 강화읍 유수로부터 협박에 가까운 거절을 받고 인천으로 되돌아와야만 했습니다.

　결국 감리교의 강화지역 선교는 강화 출신의 전도자에 의해 문이 열리기 시작했습니다. 이승환 역시 강화 서사면 시루미 마을 출신으로 당시 인천(제물포)에 나와 주막을 열어 술장사를 하던 사람이었습니다. 그는 계모임 때문에 교회에 나왔지만 이승환의 믿음은 진실된 믿음이었고 온전한 믿음이었습니다. 이승환은 천부의 자녀로서 그의 직업이 덕스럽지 못해 모든 것을 정리하고 고향으로 돌아갔습니다. 복음의 능력을 경험했던 그는 어머니를 전도했고 곧바로 존스 선교사에게 어머니의 세례를 요청하였습니다. 그런데 서사면 해안에서 내려 이승환의 집이 있는 시루미로 가려면 다리목(僑項)이란 곳을 지나야만 했습니다. 그때 이 땅의 주인인 김초시는 만약 서양인이 자신의 땅을 밟을 시 그의 집을 불사를 것이라고 협박했습니다. 결국 존스 선교사는 이승환에게 어머니를 배로 모셔 올 것을 원했고 밤이 되어 달이 뜬 후에 이승환은 어머니를 등에 업고 다리목을 지나서 긴 갯벌을 걸어 작은 배에 도착했습니다. 그의 어머니는 달빛이 비치는 가운데 존스 선교사로부터 '선상세례'를 받았으며, 강화 최초의 세례 교인으로 '강화의 겨자씨'가 되었습니다. 이것을 계기로 이승환의 집에서 강화지역의 '첫' 신앙 공동체가 형성되었습니다. 인천에서 활동하던 전도인 이명숙과 전도부인 백헬렌이 시루미로 파송되어 이승환의 집에서 교회 공동체를 만들어 냅니다. 1894년 시루미(증산) 이웃 교항 마을의 양반 김상임이 개종하여 믿음의 공동체에 합류함으로 여성과 아동을 중심으로 추진되던 초기 선교가 지식인 상류 계층까지 확대되었고 교항에 독자적인 예배당을 마련하게 됨으로 강화선교의 기틀이 확고하게 세워집니다. 이곳을 출발점으로 1897년 송해면 상도리에 홍의교회가 세워지고, 1897년 지금의 내가면 고천리에 고부교회가 설립되었습니다. 고부교회를 통해 양도면의 건평, 조산, 더 나아가 건평교회로부터 흥천교회가 세워지고 서부 섬 지역의 선교는 1898년 삼산의 송가 그리고 1899년 교동교회가 설립됩니다. 1900년 지금의 철산리에 산이포 교회가 세워지고 강화 선교의 구심점인 잠두교회(현 강화중앙교회)는 1900년 9월1일 설립 됩니다.

강화 선교가 시작된 지 불과 10년 안에 강화 전역에 복음이 확산되고 그 선교적 열기는 황해도 해주와 김포까지 교회를 개척하는 계기가 되었습니다.

　교회의 설립뿐만 아니라 한말 민족의 위기 상황에서 민족의 독립 역량을 키우고 민족의식 고취를 위한 학교 설립에도 교인들의 영향력이 지대했습니다. 이 학교들을 통해 배출된 학생들은 교회와 사회 지도자들로 활약하며 강화 교회와 민족운동을 이끌어 나갔습니다. 3.1 운동에 이들이 그 주체 세력으로 참여함으로 교회 교육을 통한 민족 계몽 운동은 지대한 것이었습니다.

　감사하게도 강화 기독교 선교의 과거와 현재, 미래를 담아낼 '경계에 선 사람들'이 발간되었습니다. 임경묵 목사님을 통해 선조들의 고귀한 신앙의 발자취를 기념하고, 신앙전통을 널리 알려 교회의 정체성을 바로 세우고 기독교의 위상을 높일 수 있을 것이라고 생각합니다. 단순히 지나간 시간을 돌아보는 것만이 아니라 미래를 만들어가는 이 책은 마땅히 하나님이 기뻐하실 일입니다.

강화 기독교 역사기념관 이사장 최훈철 목사

참, 재미있고 뜻깊은 책입니다. 추천의 글을 써달라는 임경묵 목사님의 부탁을 받고 원고를 들쳐보고선 하루 만에 다 읽고 말았습니다. 차분히 읽으면서 곱씹어야겠다는 생각이었으나 책을 읽기 시작해서 미처 헤어 나오지를 못한 것이지요. 이만하면 이 책이 얼마나 흥미로운지 아시겠지요!

저자는 강화를 '국내 성지순례의 요람'이라고 규정합니다. 관광도, 단순한 여행도 아닌, 순례는 쉼과 배움을 넘어 '나를 변화시키는' 행동입니다. 더 나아가 순례는 우리의 육과 정신을 넘어 우리의 영적인 여정을 인도하여 준다고 정의합니다. 혹자는 성지순례를 천주교의 전유물처럼 말합니다. 여기에 130년 전 강화섬에서 시작된 개신교의 복음 전파지를 찾아 나서는 여행이 있습니다. 땅 끝까지 복음을 전하라고 하신 예수님의 가르침을 따른 신앙의 일꾼들의 생생한 발자취를 따르는 길이니 분명 성지순례입니다. 특별히 바울 사도의 3차에 걸친 선교 여행의 또 다른 모형을 강화섬에서 저자는 찾고 있습니다. 이를 바탕으로 저자는 강화도 교회 여행을 '국내 성지순례의 요람'이라고 힘주어 말하니 저도 적극 동의합니다.

교산, 홍의, 고부, 교동도, 석모도, 잠두, 피뫼와 내리, 주문도, 그리고 성공회의 갑곶 나루터.

들어 보셨나요? 이 지명들을 듣는 것만으로는 알 수 없는 강화도에서 시작된 초기 선교지들입니다. 사도행전 같은 초대교회의 역사가 130년 전에 강화도 땅에서 재현된 선교역사의 현장들인 셈이지요. 천주교로부터 시작된 순교박해 시절이 조금 지난 시기여서 순교의 핏자국은 남지 않았지만 순교를 각오한 선교사들의 믿음이 깃들인 선교지들입니다.

강화도 선교의 두 기둥은 감리교와 성공회입니다. 1893년 7월경 강화 외성 밖 갑곶 나루터 옆 파도소리 들리는 초가집에서 시작된 성공회 워너 (Wanner, 왕란도) 신부의 니콜라회당이 첫 기둥입니다. 같은 해 11월 감리교 인천내리교회 존스 선교사에 의해 강화 북쪽 바닷가 서사면 시루미 앞바다에서 한밤중에 베풀어진 이승환의 모친에 대한 선상세례로부터 강화의

129년 전 또 하나의 기둥은 세워졌습니다. 이렇게 시작된 강화지역의 선교 역사를 저자는 교산교회로부터 홍의교회를 거친 감리교 선교의 여정을 중심으로 순례를 하고 있습니다.

사실, 강화 땅의 선교 여정은 '성령행전'이라 불리는 사도행전을 방불케하는 하나님 선교의 현장에 비견될 수 있습니다. 복음을 받아 안고 불타는 신앙의 행동으로 선교의 불길을 태운 선교 일꾼들의 역사가 즐비합니다.

한 날 한 시에 세례를 받아 거듭났다며 '일'자 돌림으로 부모로부터 받은 이름까지 바꾼 사람들, 하나님 앞에 서면 죄인이라며 검은 옷을 입고 다닌 신도들, 무자비한 종의 비유를 읽고 빚문서를 불에 태워 탕감해주고 전 재산을 처분하여 교회에 헌납하고 봇짐 하나 메고 땅 끝 전도의 길을 떠난 부부 전도자의 이야기, 강화의 섬이란 섬은 두루 다니며 예수님의 땅 끝 선교를 실천한 일꾼들의 이야기 등...

이런 이야기에 몰입되어 읽다 보면 이 책이 역사책인지 간증집인지 경계가 무너지는 경험을 하게 됩니다. 뿌리부터 파헤치는 저자의 치밀함의 도움을 받아 130년 전 강화 땅 '경계에 선 사람들'이 신앙의 경계를 넘어 새로운 하나님의 나라를 꿈꾸며 걷던 길을 같이 걸을 수 있게 될 것입니다. 아울러 100여 년이 지났지만 그저 옛 것이 아닌, 지금도 살아 역사하시는 하나님의 생생한 숨결로 독자들은 초대받게 될 것입니다.

끝으로, 지금 막 시작된 강화 성공회 '아이오나(Iona) 순례길'의 가치를 소중하게 여겨주시고, 1길부터 12길까지의 순례 여정까지 자세하게 기록해 주신 것에 감사를 드립니다. 이 순례길을 걸으면서 이 시대의 영성, 자연친화적인 캘틱(Celtic) 영성의 쉼과 기쁨을 함께 맛보기를 소망합니다.

강화교무구 총사제 주성식 신부

서문

　몇 해 전에 하나님의 은혜로 신학생 때에도, 개척을 하고 10년이 더 지났음에도 불구하고 여전히 가보지 못하였던 그리스 터키 순례를 다녀온 적이 있습니다. 단지 처음 뵌 집사님께서 말씀에 대한 감동으로 저희 부부에게 성지를 다녀올 수 섬김을 베풀어 주셨습니다.

　성지순례를 다녀온 사람들이라면, 많은 사람이 그리한 것처럼 적지 않게 놀랄 수밖에 없었던 이유는 어떻게 성경의 그 유명한 교회들이 이처럼 유적이 되었으며, 더 나아가 돌봄조차 받지 못하는 곳이 되었는가 하는 것입니다. 그들은 원형이나 또한 모형이 된 것입니다. 강화 순례가 우리들에게 보여주는 것은 모형이 아닌 원형입니다. 성경은 원형이나 모형입니다. 오늘날 우리들이 또한 원형이 되어야 합니다.

코로나 팬데믹으로 모두가 어찌할 바를 모르는 사이에 우리 사회는 새로운 시대로 진입을 앞두고 있습니다. 세상은 이미 4차 산업혁명의 시대로 진입하였습니다. 코로나 19처럼 이전에는 낯설었던 AI(인공지능), VR(가상현실), 메타버스, 자율주행과 같은 용어들이 코로나와 더불어 일상화 되고 있습니다. 다만 이전보다 더 빠르게 진입하는 일만이 남은 상황입니다. 코로나는 분명 위기이지만 단순히 이 어려움을 견디는 것이 아닌, 새로운 시대를 준비하는 지혜가 필요한 때입니다. 세상은 달라지고 있고, 이전의 세상으로 돌아가지 않을 것이라는 사실을 명심하여야 합니다.

이제 새로운 시대를 맞는 지혜는 여러 세상의 지혜와 지식을 갖추는 것이 아닌, 먼저 하나님에 대한 사랑과 말씀의 회복이 있어야 합니다. 복음이 처음 이 땅에 들어올 때에 우리들의 상황은 지금의 위기와 비교할 수 없었습니다. 모든 것이 바닥이었을 때에 오히려 하나님을 사랑하고 말씀 위에 세워졌던 결단들이 오늘날 우리들을 여기까지 인도한 것입니다.

'경계에 선 사람들', 이 제목만으로도 어느 정도의 메시지를 이해할 수 있을 것입니다. 경계에 선 사람들 가운데에는 그 경계를 넘어선 사람들이 있고, 반대로 그 경계를 넘지 못하고 이전의 삶에 머물러 있는 사람들도 있을 것입니다. 애굽에서 400년을 보냈던 이스라엘은 애굽을 떠날 때에 주저할 수 없었습니다. 비록 400년을 지냈던 고향과 같은 애굽이었지만 종 된 삶으로 말미암아 그들은 뒤도 돌아보지 않고 나올 수 있었습니다. 그리고 그들은 경계를 넘어 가나안 땅에 들어가 새로운 나라를 세울 수 있었습니다. 아브라함은 본토 친척 아비 집을 떠났습니다. 갈데아 우르를 떠났고, 또한 하란을 떠나 결국은 믿음의 조상이 되었고, 복이 되었습니다. 경계를 넘어서는 것은 두려운 일이지만 이는 새로운 삶으로의 부르심이며, 초청입니다.

고난과 환난에는 두 가지 종류가 있습니다. 먼저, 수동적인 고난입니다. 나의 의지와 상관이 없이 겪게 되는 고난과 환난이 있습니다. 그러나 또 다른 고난은 능동적인 고난입니다. 이는 오히려 자원하여 고난을 겪는 것입니다. 고난을 피한 것이 아니라 고난 가운데로 스스로 들어간 것입니다. 경계에 선 사람들에게 필요한 것은 바로 믿음이며 결단입니다.

'경계에 선 사람들'은 어떻게 강화에 복음이 전파되었는지를 밝히며 하나님의 섭리를 보여줍니다. 프롤로그와 에필로그를 제외하면 크게 10장을 통해서 강화 선교의 여러 이야기를 다룹니다.

강화의 예루살렘 교회 교산교회 이야기...
강화의 안디옥 교회 홍의교회 이야기...
강화의 전략적 요충지 고부교회 이야기...
처음 사랑을 돌아보게 하는 교동교회 이야기...
힐링의 섬인 석모도 삼산의 교회들 이야기...

강화의 로마 교회로 강화 선교의 새로운 구심점이 된 강화중앙교회 이야기...
두 갈래의 강화의 남부 선교 이야기 1, 2...
천국의 섬인 서도중앙교회 이야기...
한국의 아이오나를 꿈꿨던 성공회 선교 이야기...

감사와 설렘으로 '경계에 선 사람들'을 출판하게 되었습니다. 순례의 광이라고 할 수도 있는 김학범 목사님과 여러 순례지를 경험할 수 있었고, 그 중에서도 강화의 순례는 순례에 대한 새로운 눈을 뜨게 해 주었습니다.

김학범 목사님과 함께 공유 교회를 섬기는 르호봇 코워쉽 스테이션의 여러 식구들에게 감사합니다. 다바르 말씀 사역원에 지속적인 섬김을 지원해 주시는 장원 인쇄의 원병철 안수집사님과 장원의 여러 식구들에게도 감사의 인사를 드립니다. 그리고 단순한 조언을 구하였지만 모든 레이아웃과 편집을 자원하여 도운 김민정 팀장님께도 말로 다 할 수 없는 감사의 말씀을 전합니다.

이처럼 계속적인 출판을 가능하게 해 준, 이름 없이 섬겨주시는 모든 다바르 말씀 사역원의 정회원인 목사님들, 사모님들, 간사님들, 집사님들께도 큰 사랑의 빚을 지었습니다. 무엇보다도 부족한 종을 신뢰해주고 늘 곁에 있는 우리 사랑하는 주향의 가족들에게 심심한 감사의 말씀을 전합니다.

2022년 2월 집무실에서, 임경묵

PROLOG
(프롤로그)

국내 성지 순례의 요람
강화

강화기독교 역사기념관

세 종류의 여행

강화 순례의 가치에 관하여

강화 선교의 배경

강화

세 종류의 여행

여행에는 세 종류가 있습니다. 관광과 여행과 순례입니다. 다 여행이라고 말할 수 있지만 본질적인 차이가 있습니다. 관광은 보고 먹고 즐김을 위한 것이며, 여행은 쉼과 배움을 위한 것입니다. 관광보다도 여행은 좀 더 의미가 있다고 할 수 있습니다. 그러나 관광과 여행보다 더 의미가 있는 것이 바로 순례입니다. 순례는 무엇을 배우는 것을 넘어 나를 변화시키는 것이기 때문입니다.

동검도 갯벌 가을 정취

예수님께서는 아무든지 나를 따라오려거든 자기를 부인하고 자기 십자가를 지고 나를 따르라고 하셨습니다. 순례는 자기를 부인함에 귀한 도전을 줄 것입니다. 순례는 우리의 육과 정신을 넘어 우리의 영적인 여정을 인도하여 줍니다.

강화 순례의 가치에 관하여

그럼 왜 강화 순례일까요? 강화 순례는 특별함을 안고 있습니다. 강화 순례는 개인적으로, 순례의 눈을 뜨게 해 주었습니다. 순례의 가치와 특별함을 알게 해 준 것입니다. 오리 새끼가 알에서 나와 처음 본 것과 같은 특별함이 있습니다. 그러나 강화 순례는 비단 개인적으로만 가치 있는 것이 결코 아닙니다.

강화를 찾는 여러 가지 이유들이 있을 것입니다. 답답한 도심에서 멀리 벗어나지 않으면서도 시골스러움을 찾는 이들에게는 힐링을 주며 좋은 나들이 코스가 될 것입니다. 문화와 역사의 흔적을 찾는 자들에게는 좋은 학습의 장이 될 것입니다. 또한 좋은 이름난 카페와 아름다운 자연 풍경에 매료될 수도 있습니다. 그러나 이러한 여러 가지 이유들로 보지 못했고, 알지 못했던 선교 이야기는 강화도를 전혀 새로운 눈으로 바라보게 됩니다. 강화 순례를 한 번이라고 제대로 한 사람에게는 이제 강화는 어제의 강화가 아닌 전혀 새로운 의미를 갖는 강화가 됩니다. 나를 만족케 하는 것이 아니라 나를 변화시키는 묘한 경험을 하게 될 것입니다.

순례는 과거를 걸으며 오늘에 지혜를 줍니다. 과거를 동해서 오늘을 깨우치게 합니다. 또한 순례는 복음의 현장을 체험하게 합니다. 복음과 낯선 우리들의 삶에서 복음의 현장으로 들어가게 됩니다. 더욱이 강화 순례는 일반적인 순례의 유익을 넘어 사도행전적인 성경 역사의 재현을 보게 합니다. 먼 이국인 터키와 그리스에서 관리되지 않으며, 유적이 된 죽은 성지가 아닌 성경적 역사의 재현을 이 살아있는 성지에서 보게 됩니다. 짧은 우리나라 선교 역사 속에서 이러한 순례를 가질 수 있음은 참으로 큰 은혜이며 영광이라 아니할 수 없습니다. 강화는 우리들에게 주어진 위대한 신앙의 유산입니다.

사도행전을 주의 깊게 연구해 본 사람들이라면 아마도 바울의 1차, 2차, 3차 전도여행지를 외우며, 그 성격과 의미를 깊이 고민해 보았을 것입니다. 비록 강화는 이에 비하면 작은 섬에 불과하지만 마치 이러한 성경공부의 모형을 보는 듯합니다. 성경의 역사는 화석화된 단지 성경 안에서 만의 역사가 아닌 성경 밖으로 나온 것입니다. 추가적으로 성경의 큰 그림을 이해함으로 말미암아 성경에 대한 깊은 이해를 가질 수 있는 바와 마찬가지로, 만일 강화 선교의 역사를 이해하게 된다면 보다 깊은 성경의 메시지를 깨달게 될 것입니다.

  왜 하나님께서는 복음을 강화도의 중심부가 아닌 변두리에서 시작하게
하셨을까?
  왜 교산교회는 강화의 예루살렘 교회라 불릴까?
  왜 홍의교회는 강화의 안디옥 교회라 불릴까?
  홍의교회가 한국 기독교 역사에서 갖는 의미는 무엇일까?
  김상임, 박능일, 권신일, 종순일, 윤정일... 이들이 갖는 의미는 무엇일까?
  만일 이 책을 다 읽었다면 이러한 여러 질문들에 대해서 다시금 깊이 있
게 깨닫게 될 것입니다.

  오늘날 사람들 가운데 교회에 대한 반감은 참으로 선교의 큰 어려움이 아
닐 수 없습니다. 그러나 이러한 반감은 오늘날만의 문제는 아니었습니다.
이 땅에 처음 복음이 들어왔을 때에 서양 기독교인에 의한 복음 전파는 큰
어려움이었습니다. 강화 순례를 살피며 먼저 놀라게 되는 것은 어떻게 복
음에 관하여 가장 적대적일 수밖에 없었던 강화에 복음이 들어갔으며, 짧은
시간에 한 지역이 아닌 강화 전 지역을 복음화할 수 있었는가 하는 것입니
다. 그 놀라운 이야기를 시작해 볼까 합니다.

강화 선교의 배경

현재 우리나라의 관문은 인천이지만 100년 전만 해도 우리나라의 관문은 강화도였습니다. 뱃길을 따라 이루어진 교통은 먼저 강화를 거쳐 서울로 진입하게 되며, 위로는 강화를 거쳐 교동, 황해도, 해주에 이르게 됩니다. 이러한 강화의 특징은 복음에 관하여 더욱 닫힌 문을 가질 수밖에 없었습니다. 곧 중앙의 쇄국정책이 있었으며 특별히 1866년 프랑스와의 전쟁과 1871년 미국과의 전쟁인 병인양요와 신미양요를 겪은 강화도는 외국인에 대한 반감의 골이 깊었습니다.

신미양요 때에는 미 해군이 초지진을 습격하여 정족산성을 점령하고 그곳의 유물을 약탈하기까지 하였습니다. 이처럼 복음에 대하여 더욱 어려운 환경 가운데 있었던 강화도가 어떻게 복음의 요람이 될 수 있었는지 참으로 놀라운 하나님의 역사라 아니할 수 없습니다.

강화전쟁박물관은 강화대교를 건너서 가까운 곳에 위치해 있으므로 찾기에 어렵지 않습니다. 넓은 주차장까지 구비하고 있어 편의에 좋으나 찾지 않고 지나가는 길에 보고자 하는 사람들은 절대 볼 수 없을 것입니다.

1885년 4월5일 부활절에 장로교의 언더우드와 감리교의 아펜젤러 부부가 선교사의 신분으로 처음 제물포에 들어왔습니다. 그러므로 한국인들에게 부활절은 더욱 특별합니다. 복음이라는 선물과 함께 한국은 부활절을 선물로 받은 것입니다.[1]

언더우드와 아펜젤러의 입국으로 이 땅에 복음이 들어오고 효과적인 선교를 위하여 선교지역분할협정으로 인천과 강화도 지역은 감리교가 선교하였습니다. 인천에 감리교가 큰 이유는 여기에 있습니다. 그러나 인천 선교가 처음부터 잘 된 것은 아니었습니다. 초기 인천지역 선교는 미(북)감리회가 주도하였는데, 미감리회의 본격적인 인천 선교는 2년 후인 1887년 '올링거'(F. Ohlinger)를 파송함으로 시작됩니다. 그러나 올링거의 거주는 여전히 정동이었으며, 배재학당 교사와 미감리회 인쇄소 책임을 맡고 있음으로 인천 선교에 전념할 수 없었습니다.

이에 올링거를 대신하여 인천에 머물면서 인천 선교를 개척한 사람은 '인천의 스데반'이라 불리는 '노병일'입니다.[2] 그는 충남 서산 출신으로 권사의 직책으로 1889년에 인천으로 파송됩니다. 싸리재에 있던 두 채의 초가를 팔고 내동으로 옮겼으며, 1890년에 최초의 내리 예배당이라고 할 수 있

---

1 아펜젤러는 그의 도착 보고서에 다음과 같은 기도문을 실었습니다. "우리는 부활절 날에 이 곳에 도착했습니다. 오늘 죽음의 철창을 산산이 깨뜨리고 부활하신 주께서 이 나라 백성들을 얽어맨 결박을 끊으시고 그들에게 하나님의 자녀가 누리는 빛을 허락해 주시옵소서!" 유동식, 『한국감리교회의 역사』, 기독교대한감리회, 1994. 45-54쪽.
2 이은용, 『기독교대한감리회 흥천교회 百十年史』(인천: 도서출판 진원, 2019), 50쪽.

는 6칸의 회당을 건축합니다.

척박한 땅을 일구어야 할 개척자의 사명을 안고 있었던 노병일의 헌신은 많은 결실을 내지는 못하였습니다. 그러나 그의 사역이 기반이 되어 정동교회에 이어 제물포 구역이 인정함을 받아 제물포 교회(현 내리교회)에 아펜젤러가 담임으로 임명되었으며(1891년), 그가 전도한 두 사람인, 김기범과 이명숙은 큰 일꾼이 되었습니다.

김기범은 황해도 연안 출신으로 인천에 장사꾼으로 왔다가 교인이 되고 더 나아가 한국인 최초의 목사로 안수를 받았으며(1901년) 이명숙은 인천 선교뿐만 아니라 강화 선교에 귀한 전도인이 됩니다. 노병일이 인천의 스데반이라고 불리는 것은 당시 포교 금지령이 있음에도 불구하고 적극적으로 전도함으로 고발을 당하였으며, 뱀내장터(소래면 신천리)에서 전도하고 성경책을 팔다가 병정들에게 구타를 당하여 치료를 받았지만 결국 회복하지 못하고 1895년에 별세하였기 때문입니다.

노병일이 치료를 위하여 서울로 올라간 이후에 내리교회의 일은 김기범이 전도사업을 계승하였습니다. 1892년에 서울에서 백헬렌 전도부인이 인천에 내려오고 아펜젤러에 이어 배재학당에서 가르치는 일과 문서 활동을 하던 존스 선교사가 제물포교회(내리교회)의 새로운 담임이 됩니다.

인천 선교에 대한 자세한 이야기는 인천 순례 편을 통해서 나눕니다.

한국 기독교 100주년 기념탑은 인천 중구 항동1가 5-2에 위치해 있습니다.

| 경계에 선 사람들

01

강화의 예루살렘 교회

강화교산교회

강화 선교의 불티 #이승환

강화 선교의 불꽃 #김상임

숯불을 살린 여인 #김리브가

강화의 예루살렘 교회
강화교산교회

강화 선교의 불티 #이승환

1892년 내리 교회를 담임하고 있었던 23살의 존스 목사는 선교 지역을 돌아보게 됩니다. 지금 강화도로 들어가는 곳은 두 곳으로 아래쪽의 대명항의 초지대교와 위쪽의 강화대교로, 김포를 통해 강화도 동쪽에서 들어갑니다. 당시의 존스는 지금의 강화대교가 있는 갑곶 나루터를 통해 강화읍에 들어가려 했으나 강화읍 남문에서 강화유수(행정 책임자)는 그 출입을 거절합니다.

"나는 당신네 서양 선교사들이 뭘 원하는지 잘 알고 있소. 우리 한국 사람들은 당신들이 가져온 것을 원하지 않소. 당신이 이 섬을 빨리 떠나면 빨리 떠날수록 우리는 좋은 것이며, 당신이 이 섬을 빨리 떠나면 빨리 떠날수록 당신한테도 좋을 것이요"[1]

결국 존스 목사는 강화 유수의 협박을 받으며 강화읍 남문 앞에서 발길을 돌려야 했습니다. 우리의 길이 막힘을 통해서 낙심하지 말 것은 단지 인간의 길이 막혔을 뿐이며 하나님의 섭리는 또 다른 방향에서 역사하신다는 것

---

1 존스는 1910년 미감리회 한국선교 15주년을 기념하는 『한국선교상황』에서 직접 당시의 상황을 증언하였습니다.

을 기억해야 합니다. 다만 그 방법과 때가 다를 뿐입니다.

존스 목사는 강화 남문에서 입성을 거부당합니다

　바울은 제2차 선교여행에서 아시아에 복음을 전하고자 하였으나 성령이
허락하지 않으셨습니다. 브루기아, 갈리디아 땅으로 다녀가 무시아 앞에 이
르러 비두니아로 가고자 애썼으나 이 또한 허락하시지 않으셨습니다. 아랫
길도 막히고 윗길도 막혔습니다(행 16:6-7). 그러나 바울이 그토록 들어가
고자 하였던 아시아는 제3차 전도여행에서 2년 이상 가장 오랫동안 복음을
전파하게 됩니다. 다만 때와 방법의 차이입니다. 하나님께서는 아시아에 복
음을 막으신 것이 아니라 그곳을 단지 지나치는 지역으로 삼지 않으신 것입

니다. 하나님께서는 아시아에서 에베소를 중심으로 하여 지나치는 '선교지'가 아닌 오히려 바울의 '목회지'가 되게 하셨습니다. 우리의 길이 막힘으로 낙심하지 않는 것은 더욱더 하나님의 섭리를 기대하는 것입니다.

강화에 복음이 전해지기 전에, 당시 인천의 선교는 그리 쉽지 않았습니다. 올링거, 아펜젤러는 서울과 인천을 오가며 사역함으로 인천 선교에 집중할 수 없었고, 서울에서 노병일이 내려와 전도를 시작하였으나 3년 만에 교인 두 명만을 얻을 뿐이었으며 그들 또한 타지 사람들로서 인천 토박이들은 아니었습니다. 이처럼 선교가 쉽지 않은 당시의 상황에서 고육지책으로 생각해낸 것이 계를 조직하는 일이었습니다.

노병일 이후에 전도 사업을 계승한 김기범은 백헬렌과 함께 사람들이 잘 모이게 하는 계를 조직하고, 계를 통해 복음을 전하고자 하였습니다. 계를 조직하여 주민들의 생명과 재산을 보호하며 복음을 전할 수 있는 기회를 갖고자 하였습니다. 교회에서 계가 조직되었다는 소식에 많은 이들이 교회로 몰려오게 됩니다. 계를 시작한 지 한 달여 만에 50명이 모였으며 이들은 주일마다 예배를 참석하며 매달 1원씩의 곗돈을 냈습니다. 그러나 결국 돈을 맡은 한 계원이 곗돈을 횡령하고 도망치는 일이 벌어지면서 50명이나 모였던 사람들이 다 교회를 떠났고 단 두 사람이 교회에 남았는데 그 중 한 사람이 '이승환'입니다. 이 이승환이라는 이름을 기억해야 합니다. 왜냐하면 그는 강화도 복음 전파의 불티가 된 사람이기 때문입니다.

당시에 강화도를 들어가는 또 다른 뱃길이 바로 제물포항에서 강화의 외포리로 나 있었고, 강화의 많은 사람들이 인천에 정착하였습니다. 이승환역시 강화 서사면 시루미 마을 출신으로 당시 인천(제물포)에 나와 주막을열어 술장사를 하던 사람이었습니다. 그는 계모임 때문에 교회에 나왔지만성경과 진리에 관심을 보였고 진지한 고민 끝에 신앙을 갖기로 마음먹었습니다. 비록 계모임으로 교회에 나오기 시작하였지만 진리를 만나게 될 때에계모임이 깨져도 그의 믿음은 깨지지 않고 남은 자가 되었습니다.

　　이승환은 모든 양육을 잘 마치고 이제 세례만 받으면 되었습니다. 이승환의 믿음은 진실된 믿음이었고 온전한 믿음이었습니다. 그러므로 그가 세례를 받는 것은 너무나도 당연한 일이었을 것입니다. 그러나 이승환은 존스목사님께 자신은 세례를 받을 수 없다고 하였습니다.[2] 이는 너무나 당황스러운 일입니다. 연예가 뜨거우면, 연예가 진실되면 결혼을 하는 것은 당연한 일일 것입니다. 이승환이 세례를 받지 못하겠다는 것은 도저히 이해할수 없는 일이었습니다. 이유는 두 가지입니다. 첫째, 자기 직업이 술 파는장사라 양심상 세례를 못 받겠다는 것이며 둘째, 그는 말하기를 자신은 예수를 믿고 의롭게 되고, 구원을 받고, 천국을 가는 것을 다 믿고 이것이 얼마나 귀한지를 잘 알지만 이 좋은 것을 결코 어머니보다 먼저 받을 수가 없다는 것입니다. 참으로 큰 효자가 아닐 수 없습니다.

　　언제나 문제는 있는 것입니다. 그러나 그것은 걱정거리가 아니라 하나님

2 이덕주, 『눈물의 섬 강화 이야기』(서울: 대한기독교서회, 2002), 84쪽.

께서 새롭게 행하시는 장이 될 뿐입니다. 하나님께서 우리들에게 지혜를 주시면 우리의 문제도 아무 문제가 되지 않을 수 있습니다. 곧 이승환은 말만 이렇게 한 것이 아니라 술집을 정리했고 이에 존스 목사는 이승환의 어머니가 세례를 받으면 되겠다고 말하였습니다. 이승환은 고향으로 돌아가 어머니에게 전도를 하였습니다. 이처럼 이승환이 어머니에게 자신의 이 모든 일을 간절히 알릴 때에 너무나 감사한 것은 이승환의 기도와 하나님의 섭리 가운데 그 어머니는 어떠한 양육을 받음도 없이 아들이 믿는 그 예수를 자신도 믿겠다고 하였습니다.

이는 지성의 문제가 아닌 영성의 문제입니다. 우리가 예수를 믿는 것은 우리의 지성으로 말미암은 것이 아닌 하나님의 은혜와 영성의 문제입니다. 우리들이 잘 배워서 예수를 믿는 것이 아니라 하나님의 귀한 섭리와 은혜 가운데 믿음을 가지는 것입니다. 이승환의 어머니가 예수를 믿음 또한 강화도를 향한 하나님의 은혜의 역사가 되는 것입니다.

이승환은 곧바로 존스에게 이 일을 알렸습니다. 이는 존스 목사가 강화읍 남문에서 문전박대를 받고 돌아온 이후였습니다.[3] 복음의 물결은 결코 막을 수 없는 것입니다.

이제 이승환의 어머니에게 세례를 주기 위한 작전이 펼쳐집니다. 이미 육

---

3 존스 목사가 강화 입성 거부는 1892년에 말에 있었으나 강화 복음 전파는 바로 다음 해인 1893년에 있게 됩니다.

지로 들어가는 것이 막힌 입성을 존스 목사는 이승환의 인도로 바닷길로 돌아서 해안으로 바꾸어 들어가게 됩니다. 이는 또 하나의 인천상륙작전과 같습니다. 그리고 서사면 해안에 도착하게 됩니다. 복음의 씨앗은 강화의 중심인 강화읍이 아닌 변두리가 되는 서북 지역에 떨어진 것입니다. 강화의 복음은 중심지가 아닌 서북 지역의 변두리에서 시작되어 남쪽으로 확산됩니다. 이는 강화 선교의 중요한 특징 중의 하나입니다.

이처럼 어렵게 바다를 둘러 왔건만 또 하나의 장벽이 기다리고 있었습니다. 이번에는 이 인근 다리목 마을 일대에 넓은 땅을 소유한 지주 경주 김씨 가문의 김상임(김초시)이 이들의 입성을 막았습니다. 그는 '만일 서양 오랑캐가 자신의 땅에 들어온다면 네 집을 불살라버리겠다'고 엄포를 놓았습니다. 김상임은 서양 오랑캐가 자기 땅을 밟고 동네에 야소교가 들어오는 것을 참을 수 없었습니다.

육지도 막혔고 이젠 바닷길도 막힌 듯이 보였습니다. 그러나 하나님께서는 중풍병자의 친구들이 이 중풍병자를 데리고 올 때에 집의 지붕을 뚫어서 내린 것을 보여주시지 않았습니까? 곧 강화의 선교는 여기에서 멈추지 않았습니다. 이러지도 저러지도 못하는 이승환에게 존스 목사는 어머니를 배로 데려오라 하였습니다. 이승환은 밤이 될 때까지 기다렸다가 어머니를 몰래 업고 들판을 지나고 다리를 건너고 산을 넘고 갯벌을 지나 존스 선교사

가 있는 선상에 다시 도착했습니다. 이렇게 아무도 없는 고요한 밤에 선상
세례가 이루어진 것입니다. 하나님께서 주신 달빛을 받으며 감리교 선교의
강화의 첫 번째 세례가 베풀어졌습니다.

강화교산교회 주차장 입구에서 기념비와
선상세례를 기념한 모형을 외부에서 볼 수 있습니다.

| 경계에 선 사람들

감리교에 의한 강화도의 복음은 인천에서 목회하던 존스 목사님과 그의 양육을 받은 이승환, 그리고 그의 어머니의 선상 세례로부터 시작합니다. 이승환의 어머니는 강화 최초의 세례교인이 되었고 이후 존스는 인천에 있던 전도인 이명숙(강화교산교회 1대 담임)과 전도부인 백헬렌을 시루미로 보내 이승환의 집에서 집회를 시작하였습니다. 오래지 않아 시루미 공동체에는 믿는 사람들이 더욱 늘어났으나 대부분 천민이나 여인들이었습니다.

강화교산교회 앞에 있는 기념상을 보고 실제 선상세례가 이루어진 터를 방문한다면 더 큰 의미가 있을 것입니다.
이승환은 시루미 마을에서 어머니를 업고 들판을 지나고 다리를 건너고 산을 넘고 갯벌을 지나 바로 이곳까지 온 것입니다.

강화 선교의 불꽃 #김상임

이승환이 강화 선교의 불티가 되었다면, 이러한 불티가 불꽃이 됩니다. 그 불꽃의 주인공은 다름 아닌 존스의 입성을 막았던 지역의 유지였던 '김상임'입니다. 이는 참으로 아이러니한 역사의 한 장면입니다. 마치 복음을 가장 핍박하였던 저 사울이 위대한 사도 됨과 같습니다. 바울이 가장 크게 쓰임을 받은 사도 됨과 같이 잠시나마 복음을 막았고 핍박하였던 김상임과 그의 가족들의 개종은 강화 선교의 중요한 이정표가 됩니다.

이승환을 협박하였던 김상임은 서양 선교사의 주도면밀함에 생각을 달리하게 됩니다. 이승환의 집에서 모였던 시루미 공동체는 처음에는 4-5명이 모인 작은 가정 교회였지만 이들의 열심 있는 복음 전파로 금새 10여 명으로 불어났으며, 시루미 마을 사람들에게 주목을 받기 시작하였습니다. 이같은 마을의 신선한 변화를 바라보며 김상임은 존스 목사를 직접 만나 허와 실을 알아보고자 하였습니다. 김상임은 이승환에게 존스 목사를 데리고 오라 하였습니다.

이 첫 만남을 주선한 이승환은 얼마나 두려웠겠습니까? 이 만남은 한 치의 앞도 예상할 수 없는 만남입니다. 마치 야곱과 에서의 만남과 같은 것입니다. 그 만남이 실제로 이루어지기 전에는 어떠한 일이 일어날지 알 수 없는 것입니다. 그런데 이 만남에 놀라운 반전이 있게 됩니다. 존스는 김상임을 방문하였는데 그냥 만난 것이 아니라 우리 양식의 갓과 두루마기를 입고 예의를 갖추었습니다. 예의를 갖추는 것이 얼마나 중요한 일인지 모릅니다. 이는 첫인상에 있어서 아주 중요한 요소입니다. 다음으로 존스는 김상임에게 먼저 깍듯이 인사를 하였습니다. 당시에 존스의 나이는 23세이며 김상임은 40대로 나이 차가 꽤 있었습니다. 이에 존스는 먼저 김상임에게 인사하였습니다.

"안녕하십니까? 형님"

인사만 잘해도 인생이 피는 것입니다.

이 낯설고 어색한 만남은 마치 하나님께서 야곱을 만나는 에서의 마음을 풀어준 것 같은 그러한 장면이 되었습니다. 둘의 만남은 문화도 언어도 틀리고 서투름에도 불구하고 오히려 찰떡궁합이 되어 버립니다. 두 물이 만나 하나의 물이 되듯이 그들의 마음은 하나가 되었습니다.

그들이 헤어질 때에는 김상임이 먼저 인사를 합니다. 김상임이 "다음에 또 봅시다..." 얼마나 놀랍습니까? 존스는 대답합니다. "당연하지요 형님..." 그리고 서책을 선물로 줍니다. 그 당시에는 명품과 같은 것이 서책이었습니다. 한학자가 서책을 받자 마음의 문은 더 활짝 열립니다. 그런데 그 서책은 쪽복음이었으며 김상임은 그 쪽복음에서 진리를 발견합니다.

당시 우리 양반들은 유교의 도에 대한 회의를 품거나 난세에 새로운 도가 무엇일까 고민하며 살아가고 있을 때였습니다. 정감록을 비롯해 온갖 사상들이 난무했으나 진리를 발견하지는 못했습니다. 그러한 때에 김상임은 존스가 전해주고 간 성경을 읽으며 자신이 정감록에서 찾았던 십승지지를 십자가의 도에서 찾게 됩니다.

"옳구나, 바로 이것이로다 내가 근자에 정감록에 심취하여 난세에 구명할 수 있는 곳, 십승지지가 어느 곳인고 찾아 헤맸더니 바로 여기에 있었구나 성경 안에 십계명이 있고 십자가에 영생이 있으니 십자가의 도가 다름 아닌 십승지지로다"

김상임은 '정감록'에 나오는 바, 난세에 생명을 부지할 수 있다는 '십승지지'를 찾으러 계룡산 신도안, 경상도, 풍기 땅 여러 곳을 찾아다니고 있었으나 어느 곳에서도 만족하지 못하던 차에 성경 속에서 십자가의 도를 발견한 것입니다. 십승지지는 장소 개념이 아닌 것을 깨우친 것입니다. 복음이 들어간 이후 시루미 천민들의 마을이 변화되는 것을 직접 목격하며 용단을 내려 결국 김상임은 존스 목사에게 세례를 받게 됩니다.

1894년 10월, 그의 세례는 단지 한 사람의 개종이 아닌 그의 가족과 그의 문하생들과 다리목 마을 전체가 복음화되었습니다. 그는 기독교 개종과 더불어 '집 귀신'과 대대로 내려오는 사당을 불살라 없애 유학계의 비판을 받았지만 교인 수는 더욱 불어나게 되었습니다.

김상임의 개종의 특별한 의미는 시루미 천민들과 다리목 양반들이 한 곳에 모여 예배를 드리게 된 것입니다. 처음에는 부녀자 층과 학식이 낮은 서민층을 대상으로 복음을 전하여 여성과 아동 중심이었으나 김상임과 그의 가족, 더불어 그의 문하생들과 마을 사람들의 개종으로 복음은 모든 계층과 부류를 넘어서게 됩니다. 이처럼 김상임의 개종으로 수적인 부흥은 더욱 가속화되었습니다. 곧 1년 사이에 교산교회 교인들은 50명으로 늘었습니다. 사람의 계획과 생각으로 만들어진 계 모임의 50명은 깨지고 흩어졌으나 하나님의 역사로 강화에 1년 만에 50명 이상이 모이게 된 것입니다. 이후 강화교산교회는 교항에 15칸 초가를 매입하여 예배 처소를 이전하고 1898년에 김상임은 전도사로 교산교회의 2대 담임이 됩니다.

이처럼 이승환의 불티가 김상임에 이르러서 복음의 불꽃이 됩니다.

김상임은 11세 때에 동몽과에 1등으로 합격하고, 22세 때에는 부친과 함께 서울에 가서 견문을 넓히며 과거 시험을 보면서 지냈습니다.[4] 그는 성균관에 가서 공부하며 청운의 꿈을 키우면서 출세하기 위해 힘썼지만 뜻을 이

---

4 이은용, 『기독교대한감리회 흥천교회 百十年史』, 63쪽.

루지 못하였습니다. 결국 시골에 묻혀 학문에 정진하며 후학 양성에 전념하기로 결심하고, 35세에 강화 교산리에 정착하여 서당을 차리고 훈장이 되어 후학 양성에 전념하며 지역 사회에 영향력을 행사하였습니다. 38세가 되는 1887년에는 강화부 승부 초시가 되었으나 벼슬길로 오르지 않았습니다. 곧 김상임은 과거시험 준비로 청춘을 다 보내고 나이 40에 강화부 승부 초시에 등과 하였으나 관직에 나가지 않고 향리에서 후학을 가르치던 선비며, 한학자였습니다.

김상임 전도사의 생가의 모습. 그는 신학을 공부하여 1902년 감리교회의 세 번째 목사 안수 후보자가 되었으나 열병 환자를 심방하다 감염되어 목사 안수 받기 한 달 전에 하나님의 부르심을 받았습니다.

그러나 그는 이보다 더 큰 영광을 얻습니다. 곧 그는 강화 복음화의 개척자이며, 강화 최초의 전도사입니다. 그는 강화 선교의 불꽃입니다. 그는 개종 후 강화 전역을 다니며 전도하였고 지금의 협성 신학교의 모체가 되는 초기 감리교 교역자 양성과정인 신학회를 졸업[5]하고 목사 안수를 받기 4달 전에 심방을 하다가 간염병에 걸려 57세의 나이로 1902년 4월에 별세하였습니다.

강화교산교회 본 건물 바로 옆에 있는 기독교 선교 역사관의 모습입니다. 기념관 안에서 강화선교에 대한 오리엔테이션을 접할 수 있습니다.

---

5 김상임은 1900년 11월 서울 달성회당에서 신학회가 개설되자 강화 교인 박능일, 권신일, 고치일, 종순일, 김경일 등과 함께 참석하였습니다.

존스 1867~1919
Missionary George H. Jones

이승환 권사
Exhorter Lee, Seung-hwan

김상임 1848~1902
Local Preacher Kim, Sang-im

강화초대 기독교선교역사관
Ganghwa First Christian Mission Historical Museum

순교자의 피가 교회의 씨앗이다.

- 교부 터툴리안 -

The martyr' s blood is the seed of Church.
- Father of the Church, Tertullianus -

기념관에 들어서면 정면과 입구에 있는 글귀가 시선을 사로잡습니다.
강화교산교회의 중요한 세 사람으로 존스와 이승환과 김상임을 살필 수 있으나 강화선교에 있어서는 또 한 사람, 강화선교의 불길이 된 박능일을 앞으로 살피게 될 것입니다.

숯불을 살린 여인 찬송 할머니 #김리브가 권사

우리는 강화교산교회를 살피며, 이승환을 통해서 강화도 선교의 불티가 떨어졌다면 이를 불꽃이 되게 한 김상임의 가족사를 좀 더 살펴야 합니다. 김상임에게는 아들이 둘 있었습니다.

첫째 아들은 김흥제이며, 둘째 아들은 김우제입니다. 첫째 흥제 전도사는 강화 교산 교회의 4대 담임이 되었으며(1906년) 둘째 김우제 전도사는 1905년 강화읍 잠두교회를 담임하던 시절 강화 수비대 참령 출신 이동휘를 개종시켰으며 을사조약 체결 후에 하와이로 건너가 그곳 이민들을 상대로 목회활동을 폈고 이후 상해와 하와이를 오가며 독립운동을 하였습니다.

그러나 김상임이 죽고, 김우제가 하와이로 떠난 뒤 이상하게 집안 종손들에게는 미친병이 들기 시작하였고 주변으로부터 예수를 믿어 망한 집안이란 소리를 들었습니다. 남은 김상임의 첫째 아들인 김흥제와 그의 아들도 일제시기 말기에는 믿음 생활을 거의 끊다시피 하였습니다.

그러나 하나님께서는 이 집안을 한 여인으로 말미암아 다시 일으키십니다. 그 여인이 바로 찬송 할머니라 불리는 김리브가 권사입니다. 이름만 리브가가 아니었습니다. 김리브가 권사는 김상임 전도사의 손주 며느리이자 강화중앙교회의 초대 교인인 김봉일 전도사[6]의 딸입니다. 김리브가의 기도와 믿음으로 김상임 가문에는 현재 여러 목사와 장로를 배출하게 됩니다.

---

6 김봉일 전도사는 강화교산교회의 5대 전도사로 부임합니다(1916년).

그녀는 강화의 특산품인 인조견을 팔면서 전국을 다니며 복음을 전했으며 300여 곡이 넘는 찬송가를 외워 부르면서 교회가 어려웠던 시절에 오직 기도와 말씀, 그리고 능력 있는 찬송으로 교인들을 심방하며 교회의 영적 부흥을 위해 힘썼습니다.

그녀는 나무가 숯덩어리가 된 김상임 가문을 다시 복음으로 되살렸습니다. 직접 김상임 전도사님의 묘지를 돌아보았을 때에 그 후에 많은 장로와 권사, 사모, 목사님들이 그 묘비에 새겨져 있는 것을 보며 이 시대 가운데 다시금 도전을 주는 인물은 바로 이 김리브가 권사님이라는 것을 깨닫게 되었습니다.

한국 교회는 숯과 같습니다. 한때에 복음의 불길을 맛본 숯 덩어리입니다. 이제 누군가 숯 덩어리가 된 한국 교회에 김리브가 권사처럼 불을 붙일 수만 있다면 한국 교회는 다시금 놀랍게 쓰임을 받을 수 있을 것입니다.

김상임 전도사의 생가를 지나 바로 위로 오르면 문중묘를 만날 수 있습니다. 김상임 전도사의 묘와 그 아들 흥제, 우제의 묘를 지나 김리브가 권사의 이야기를 마음에 품고 내려와야 합니다.

02

강화의 안디옥 교회
홍의교회

강화의 안디옥 교회
홍의교회

강화 선교의 불길 #박능일

시골 마을을 지나가다가 홍의교회를 보게 된다면 그저 시골에 있는 일반 교회와 크게 다름을 느낄 수 없을 것입니다. 어떠한 화려함도 특별함도 없습니다. 그러나 이 교회가 어떠한 교회인지를 알게 된다면 이 기념비적인 교회를 결코 평범하게 볼 수 없을 것입니다.

교산교회가 강화의 예루살렘 교회로 강화 선교의 모교회가 된다면, 강화의 안디옥 교회가 있습니다. 실제적인 강화 복음의 역사는 바로 두 번째 교회인 홍의교회를 통해서 이루어집니다. 강화 서북 해안 마을인 교산에서 나오면 두 갈래 길이 있습니다. 남쪽으로 하점면 망월을 거쳐 내가면과 양도면을 지나 마라산에 이르고 동쪽으로는 하점면과 송해면을 지나 강화읍에 이릅니다. 교산에서 강화읍까지 가는 길에 송해면 상도리에, 강화에 세워진 두 번째 교회로 홍의교회가 있습니다.

성경을 배우고, 특별히 사도행전을 배우게 되면 예루살렘 교회와 안디옥 교회가 어떠한 의미를 가지는지 알게 됩니다. 예루살렘 교회는 초대 교회의 모교회, 어머니 교회가 되고, 안디옥 교회는 선교지향적인 교회입니다. 사울의 핍박으로 예루살렘 교회의 흩어진 사람들 중에 구레네와 구브로 몇 사람이 안디옥에 가서 전한 복음이 놀랍게 결실을 맺어 큰 부흥을 이루게 되는데 이는 안디옥 교회만을 위한 부흥이 아닌 세계 선교를 위한 하나님의 놀라운 예비하심이 됩니다.

1950년대 홍의교회의 모습

1970년대 홍의교회의 모습

안디옥 교회에서 제1차, 2차, 3차 전도 여행을 떠나고 더 나아가 전진 기지로서의 여러 의미 있는 교회들로서 빌립보 교회, 에베소 교회 등이 중요한 의미를 가집니다. 빌립보 교회는 마게도냐의 첫 성으로 마게도냐와 데살로니가, 아가야까지 영향을 끼치며, 에베소 교회는 소아시아 교회들을 세우는 의미 있는 교회가 됩니다.

이처럼 강화교산교회가 세워지고 두 번째 교회가 세워지게 되는데 그것이 바로 홍의교회입니다. 강화교산교회가 강화의 예루살렘 교회라면 홍의교회는 강화의 안디옥 교회입니다. 이는 단순한 애칭이 아닌 실제적인 사례로, 우리는 성경의 선교 모델의 역사를 이 강화에서 살필 수 있습니다. 영국 성공회는 한국 선교를 하며 그 거점으로 강화를 삼았습니다. 영국 성공회는 영국에서 아이오나 섬을 기점으로 선교가 이루어졌듯이 이 강화도가 한국의 아이오나가 되기를 바랐습니다. 그러나 강화는 단지 영국을 모델로 삼는 것이 아닌 성경의 모델을 가집니다. 그 모습은 너무나 아름다운 일치를 가지는 강화의 안디옥 교회가 바로 홍의교회입니다.

앞선 이야기에서 김상임의 개종은 단순히 한 사람의 개종을 넘어선 의미를 가집니다. 기독교를 부녀자와 천민들이나 믿는 종교로 여기고 천시하던 주민들의 생각을 긍정적으로 바꿔놓는 계기가 되었습니다. 이승환과 이승환 어머니 등 몇몇의 시루미 공동체에서 김상임의 개종으로 세워진 교산교회는 기존 서민층과 가세한 양반층이 어우러진 균형적인 발전이 이루어졌고, 강화지역 지도급 인사들이 연이어 개종해 강화 전역으로 복음을 확장시키는 초석이 되었습니다. 김상임에 이어 중요한 지도급 인사가 바로 박능일입니다.

홍의교회는 박능일로 시작됩니다. 박능일은 김상임과 같이 서당을 통해서 후학들을 가르쳤는데 이웃 마을의 김상임이 양반으로서 그리스도인이 되었다는 소식을 듣고 이를 따지러 갔다가 오히려 복음을 받아들이게 됩니다.

"형님, 미쳤다면서요..."

예수를 믿는다는 것은 예전에도 미쳤다는 표현으로 여겨졌습니다. 지금도 그렇지 않겠습니까? 지금과 같이 교회가 욕을 먹는 시대에, 교회에 나오기 힘든 시대에 예수를 믿고, 교회를 나오는 사람들은 미친 사람들이 아니겠습니까? 그러나 이는 참으로 아름답고 고운 미침입니다.

박능일은 김상임의 전도로 예수를 믿고 약 2년간 교산교회를 출석하다가 강화 선교를 위해서 전도인으로 파송된 이명숙의 지도 아래 분리해서, 그의 제자 20명과 지역의 유력자들인 종순일, 권신일 등과 함께 그의 자택에서 예배를 드리기 시작하였습니다.[1] 이명숙은 1897년 다시 황해도 전도인으로 파송되어 교산교회는 김상임이, 홍의교회는 박능일이 담당하였습니다.

이로써 강화도에 교산교회에 이어 두 번째 교회인 홍의교회가 세워집니다. 1896년 박능일은 선교사의 도움 없이 토담집으로 예배당을 건축하고 1년 만에 교인수가 80명이 넘었습니다.

홍의교회 뒷동산에 조금 오르면 박능일 전도사의 묘를 만날 수 있습니다. 교회를 찾는 이들에게, 더 나아가 강화 선교의 역사를 더듬는 이들에게 참으로 의미있는 장소가 될 것입니다.

1 1970년 홍의교회 김지상 장로 등이 기록한 『홍의교회 연혁』에는 "1896년 서당을 경영하던 한학 선생 박능일씨가 1894년 미국 선교사 존스에 의하여 설립된 교산교회(양사면 교산리)에 입교하여 복음을 전파하던 중 2년 후 그의 자택인 송해면 홍의촌 958번지에서 그의 제자 20여 명을 중심으로 교회를 최초로 설립하여 홍의교회라 칭하다."라고 기록되었습니다.

이후 홍의교회는 강화의 다른 지역과 섬으로 복음이 전파되는 전초기지가 되었습니다. 그 흐름은 크게 세 줄기로, 첫째 줄기는 강화읍으로 해서 남쪽으로, 둘째 줄기는 고부(고부교회)를 거쳐 중서부로, 셋째 줄기는 서북쪽으로 바다를 건너 섬인 교동으로 연결됩니다. 이러한 복음 전파의 흐름을 통해 강화는 선교 개시 10년 안에 강화 전역에 교회가 설립되는 결과를 얻었으며 현재는 138개의 감리교회가 있는 섬이 되었습니다. 강화에 교회가 약 200개가 있는데 그중에 138개가 감리교회이니 대단한 역할입니다.

홍의교회의 특별한 신앙 #1. 일자 돌림 신앙

홍의교회를 특별히 주목해 볼 수밖에 없는 이유는 교산교회가 강화의 최초의 교회가 되었지만 실제적인 복음의 확대 재생산의 중요한 역할을 한 것은 바로 이 홍의교회로 말미암기 때문입니다.

홍의교인들의 특별한 신앙의 첫 번째는 이들의 독특한 개명에 있습니다. 믿음 안에서 하나, 믿음의 첫 열매라는 뜻으로 홍의교회의 교인들은 세례와 더불어 개명을 하였는데, 일자 돌림으로 개명을 하였습니다. 이는 신학적으로는 천주교회나 성공회의 '본명', 세례명 전통과 같은 맥락이지만, 그 표현 방법에서 한국의 전통 작명법을 취하였다는 점에서 다른 시각을 취하고 있습니다.

천주교나 성공회에서는 서양의 성인들의 이름을 따서 세례명을 짓는 반면, 강화교인들은 한국 전통의 돌림자 전통을 취해 이름을 바꾸기로 한 것입니다. 초대 홍의인들은 집단으로 세례를 받으면서 함께 이름을 바꾸기로 하였는데 성은 조상에게 물려받은 것이기에 바꾸지 않았고, 마지막 자를 모두 한 일자로 통일하였으며 가운데 자는 제비를 뽑아 결정하였습니다.

믿을 신, 사랑 애, 능력 능, 은혜 혜, 충성 충, 거룩할 성, 받들 봉, 순할 순...
박능일, 권신일, 권인일, 권문일, 권혜일, 김경일, 김부일, 권청일, 종순일, 주광일, 장양일, 김봉일, 정천일...

이런 식으로 처음 믿는 홍의 마을 교인들은 모두 이름을 바꾸었는데 족보까지 새 이름으로 바꾸었습니다. 이는 이들이 개명을 통해 세례가 갖고 있는 '신생' 혹은 '중생'이라는 신학적 의미를 정확하게 파악하고 있었음을 보여주는 예입니다.

더욱이 한 날, 한 시에 처음으로, 함께, 하나가 되었다는 의미에서 한 일돌림자를 씀으로 신앙 공동체의 의식을 강하게 표현한 것입니다.

인근 교동에서는 '신'자 돌림 교인들이 나옵니다. 교동은 강화 서쪽에 있는 석모도 위에 위치한 강화도 서북쪽에 있는 섬인데, 북한과 가까워서인지, 들어갈 때에 군인들에게 출입 허가증을 교부받아 들어갈 수 있습니다. 이 교동도에는 '신'자 돌림 교인이 나오며, 이 신자 돌림은 교동뿐만 아니라 다름 지역에서도 발견할 수 있었습니다. 이는 교동에 처음 복음을 전해 준 초대 홍의인이었던 권신일의 이름 중 가운데 자를 빌린 것으로 보입니다. 그 결과 방달신, 방합신, 방도신, 방족신, 서한신, 서풍신, 황한신, 황초신, 서풍신 등도 같은 무렵 개명하였습니다.

과연 나는 예수를 믿는 것으로 무엇을 바꾸었는가? 이름을 바꾸었다는 것은 나의 삶이 바뀌었음을 증명하는 것입니다.

홍의교회 입구에 세워진 비석에는 이 기념비적인 교회의 의미에 관하여 잘 정리하여 새겨놓았습니다.

그러나 믿지 않는 사람들에겐 큰 충격이었습니다. 족보와 촌수를 중요시하는 봉건사회에서 아들과 아버지, 조카와 삼촌이 같은 항렬 돌림자를 쓴다는 것은 생각지도 못한 일이었습니다.

홍의교회의 특별한 신앙 #2. 검은색 옷

개명과 더불어 홍의인의 남다른 두 번째 특징으로 홍의교회 성도들은 하나님 앞에서 죄인이라는 의미의 검은색 옷을 입고 다녀, 믿지 않는 이들이 '검정개'라 부르며 비웃고 조롱했습니다. 대대로 입어왔지만 실용적이지 못한 흰옷에 검은 물을 들여 입기 시작한 것입니다. 주일이 되면 검은 옷을 입은 교인들이 줄을 지어 예배당으로 가는데, 동네 사람들이 비꼬면서 하는 말이 또 저기 꺼먼 개들이 몰려가누나 하는 것이었습니다. 그들은 검정개라 불림을 마다 하지 않았습니다. 이름에서 촌수를 무시했던 이들에 대한 세상 사람들의 평가는 어쩌면 당연한 일일 것입니다.

아버지와 아들이 함께 기도할 때에 하나님은 동일한 아버지입니다. 하나님과의 촌수를 따질 수 없는 것입니다. 아버지도 아들도 다 하나님의 자녀입니다. 때때로 믿음으로 사는 것은 세상의 눈으로는 이해할 수 있는 바가 아닐 것입니다.

홍의교회 초대교인들이 입었던 '검은 옷에도 깊은 의미가 있습니다.[2] 수직적인 봉건 질서를 강조하였던 조선시대엔 계급과 직급에 따라 입는 옷의 색깔이 달랐습니다. 복색법(服色法)이라 해서 왕과 왕비, 왕자와 궁녀들이 입는 옷과 양반 귀족이 입는 옷의 색깔이 달랐습니다. 같은 양반이라도 그가 어떤 벼슬을 하였느냐에 따라 옷 모양과 색깔이 달랐습니다. 그래서 입은 옷 색깔만 보아도 그 사람의 신분을 알 수 있었습니다.

　그러니 벼슬이나 출세를 못한 일반 평민들은 평생 색이 없는 옷, 즉 흰옷(白衣)만 입어야 했습니다. 그래서 조선시대 절대다수 백성은 흰 옷을 입고 살았습니다. 이처럼 색에 대해 엄격했던 봉건시대 말기에 검은 옷을 입은 사람들이 이 땅에 나타났습니다. 서양에서 온 선교사들이었습니다. 그때까지 조선에서 검은색은 '죄인'이나 '죽음'을 의미하는 것으로 모든 사람의 기피대상이었습니다. 그래서 선교 초기에 이상한 외모에 검은 옷을 입고 '저승사자'처럼 다가오는 선교사들을 보고 대부분 사람들이 도망친 것도 당연했습니다.

　그런 상황에서 기독교인들이 색에 대한 두려움과 인습을 떨쳐버리고 흰옷에 검은 물을 들여 입기 시작했습니다. 그런 식으로 홍의교회 초대교인들은 검은 옷을 입는 것으로 허례와 허식으로 변한 유교의 봉건 질서와 관습을 과감하게 떨쳐버리고 실용(實用)과 변혁(變革)의 새로운 시대, 새로운 문화를 만들어 갔습니다. 그렇게 시작된 '검은 옷' 문화가 한 세기 흘러 지금

2 한성수, 『행복을 선택한 사람들』(서울:월드북, 2011), 14-15쪽.

은 한국사회 어떤 곳에서든 "정장(正裝)을 하라."면 의례 검은 옷을 입고 나오게 되었습니다. 홍의마을에서 조용하게 시작된 색의 혁명, 그 결과입니다. 이처럼 홍의교회 초대교인들의 '신앙 혁명'은 교회 울타리를 넘어 일반 사회의 관습까지 바꾸어 놓았습니다.

홍의교회의 특별한 신앙 #3. 강화의 바나바 종순일

세 번째 특징으로 우리는 한 인물에 대해서 관심을 가질 수 있습니다. 홍의교회에는 종순일(種純一)이란 교인이 있었습니다. 전통 유학자 출신으로 땅도 많고 여유 있던 부자였습니다. 그가 사는 마을에 그에게 돈을 빌려다 쓰지 않는 사람이 거의 없을 정도였습니다. 그런 그가 마을 훈장 박능일이 전하는 복음을 듣고 기독교인이 되었습니다. 그리고 성경을 읽다가 마태복음 18장 23절 이하에 나오는 '용서할 줄 모르는 무자비한 종에 대한 비유' 대목에서 멈추었습니다. 임금에게 1만 달란트 빚 진 신하가 그 빚을 탕감받고 나가다가 자기에게 1백 데나리온 빚진 자를 만나 그의 빚을 탕감해주지 않고 옥에 가두었는데, 그 사실을 안 임금이 화를 내며 그를 다시 잡아 옥에 가두었다는 내용입니다.

'마을 부자' 종순일은 이 말씀을 읽고 며칠 동안 고민하다가 주일 오후, 예배를 마치고 자기에게 돈을 빌려간 마을 사람들을 집으로 불러들였습니다.

마을 사람들은 '빌린 돈을 갚으라는 것인가? 아니면 이자를 높이려는가?' 하는 두려운 마음으로 모였습니다. 종순일은 성경을 펴서 마태복음 18장 말씀을 읽은 후에 다음과 같이 선언하였습니다.

"오늘 이 말씀에 나오는 무자비한 종이 바로 납니다. 내가 그리스도의 은혜로 죄 사함을 받은 것이 1만 달란트 빚 탕감받은 것보다 더 크거늘, 여러분에게 돈을 빌려주고 그 돈을 받으려 하는 것이 1백 데나리온 빚을 탕감해주지 못한 것보다 더 악한 짓이요. 그러다 내가 천국을 가지 못할 것이 분명하니 오늘부로 여러분들에게 빌려준 돈은 없는 것으로 하겠소."

그는 빚 문서를 꺼내 모두가 보는 앞에서 불살라 없앴습니다. 행여나 빚 독촉을 받는 것은 아닌가, 두려운 마음으로 왔던 마을 사람들은 놀란 눈으로 그를 바라보았습니다. 그리곤 감격하여 눈물을 흘렸습니다.

"요즘 없는 빚도 있다고 우겨서 남의 돈을 빼앗는 세상인데 어찌하여 예수교 하는 사람은 자기 돈까지 버려 남을 도우니 참 이상한 일이다."

과연 홍의교회의 종순일은 강화의 바나바라 불릴만합니다(행 4:36-37). 이 사건을 계기로 1900년 4월, 홍의 마을의 복음화는 급속하게 이루어졌습니다. 이것으로 끝난 것이 아니었습니다. 종순일은 "네 소유를 팔아 가난한 자에게 주고 나를 따르라"(마19:21)는 말씀을 읽고 찔림을 받아 자기 재산을 처분하여 교회에 헌납했습니다. 그 후 얼마 있다가 "예수님께서 제자들을 둘씩 짝지어 각 지방과 고을에 보내셨다"(눅 10:1)는 말씀을 읽고 아내와 함께 봇짐 하나씩 메고 아직 복음이 들어가지 않은 남쪽 길상면으로 전도 여행을 떠납니다. 그가 찾아 간 "땅 끝"(행 1:7)은 강화 주변의 작은 섬들이었습니다.

강화 남부 길상면으로 가서 전도한 결과 길직, 길촌, 온수, 선두, 넙성, 덕진 등지에 교회가 설립되었습니다. 그리고 나서 석모도와 주문도, 영종도 같이 교통이 불편한 섬들을 찾아다니며 전도하고 목회했습니다.

1917년 감리교에서 목사 안수를 받고 강화 남쪽 주문도 진촌교회(현 서도중앙교회)에 부임했고, 그곳에서도 교인들이 목사의 신앙을 본받아 서로 빚을 탕감해 주는 일이 일어났습니다. 마을 사람들 모두 감동하였고 교회를 보는 눈이 달라졌습니다. 오래지 않아 당시(1912년) 섬 주민 181호 가운데 136호가 교회에 나오게 되었으니 전 주민의 75%가 교인이 되는 일이 일어났습니다. 지금도 면소재지인 주문도가 '술집과 다방이 없는' 성역으로 남게 된 데는 이러한 감동적인 복음 역사가 크게 작용하였던 것입니다. 그는 그렇게 강화, 옹진 섬 지역을 돌며 수십처 교회를 개척하였고 평생 가난한 전도자로 생을 마쳤습니다.

홍의교회의 특별한 신앙 #4. 고씨 부인의 장례식

네 번째 특징으로 홍의교회가 보여준 토착화 신앙과 헌신은 이제 이들의 죽음까지도 아름답고 고귀하게 장식합니다. 기독교 장례 의식에 있어서 획기적인 일이 있게 되는데 곧 '고씨 부인의 장례식'입니다. 예수를 믿은 지 2년 되는 고씨 부인은 71세로 1898년 1월 11일에 별세하여 제물포의 김기범, 정복채 전도사가 와서 집례 하였습니다. 이때에 특별한 것은 상가에 슬피 우는 곡 소리 대신 오히려 찬송을 부르며 십자건을 쓰고, 산소에 비석 대신 십자패를 세운 일입니다. 세상 사람들은 부모님이 돌아가셨는데 울지 않고 노래하는 것을 보면서 기가 막혔겠지요. 하지만 초기 홍의인들은 한 걸음 더 나아가 상청을 차리거나 신위를 모시는 등 우상과 관련된 의식을 철폐한 대신, 기독교식 의식을 창안했던 것입니다.[3]

[고씨 부인이] 별세하니 자녀 제손들이 조금도 슬픔이 없고 생시에 좋아하시던 찬미로 천당 가는 영혼을 위로하며 본 교우들이 제제히 복을 입었는데 구주의 구속하신 십자가로 형제됨을 표하려고 십자건을 쓰고 부인들은 깃무명 조고리에 십자를 노아 입었더라. ... 장례를 지내는대 본처 교우와 교항동 교우와 고비 교우들이 다 모히고... 교중례로 선산에 안장하고 묘전에 십자패를 세웠으니 생시에 십자가를 자랑하시더니 사후에 육체까지라도 모든 분묘 중에 기독도 됨을 표하였더라(대한그리스도인회보, 1898.1.26).

3 한성수, 『행복을 선택한 사람들』, 55-58쪽.

상청이나 위패 봉안, 망곡 같은 전통의례는 거부하였지만 상복과 굴건, 상여 문화는 그대로 수용하되 '십자가'를 새기는 것으로 '복음화'시켜 받아들였습니다. 또 안정 문화도 그대로 받아들여 묘를 쓰면서 묘비 대신 십자패를 세웠습니다. 이러한 기독교식 토착화 교회 장례 의식은 일자 돌림과 같이 파격적인 일이었으나 허례와 낭비가 심했던 전통 장례 문화에 대한 불만을 가졌던 서민들에게는 환영을 받았습니다.[4]

교산교회가 강화의 예루살렘 교회의 역할을 했다면, 홍의교회는 강화의 안디옥 교회가 되어 강화 선교의 이정표가 되었습니다. 이들이 보여준 토착화 신앙뿐만이 아니라 복음을 확대 재생산함으로 강화 선교의 기념비적인 교회가 될 수 있었던 것은 홍의인들은 전수받은 복음으로 안주하지 않고 고향 떠나 강화도 각 지역으로 흩어져 복음을 전하였기 때문입니다. 홍의인이야 말로 경계에 선 사람들이었습니다. 그들은 경계에 섰고 그 경계를 넘었습니다.

홍의교회가 한국 기독교 역사에서 갖는 의미[5]

홍의교회는 교산교회로부터 신앙의 맥을 이어받은 것은 분명한 사실이지만, 초대 수리아 안디옥 교회가 예루살렘 교회에서 받은 복음을 전 세계에

4 이은용, 『기독교대한감리회 흥천교회 百十年史』, 72쪽.
5 한성수, 『행복을 선택한 사람들』, 90-92쪽.

| 경계에 선 사람들

전파하였듯이, 강화 전역에 복음을 전파하고 증거 한 복음의 못자리라는 아주 중요한 역할을 감당했습니다.

강화읍에 교회를 설립하고 지도자가 되었던 박능일과 교동에 복음을 전한 권신일 가족, 그리고 남쪽 길상과 석모도와 주문도, 영종도에 복음을 전한 종순일 등은 뜨거운 성령의 불길과 함께 타올랐던 초대 홍의인들이었습니다.

이들은 교회를 개척하여 복음을 접하고 주님을 영접하면서, 어쩌면 지나치다 싶을 정도로 신앙과 말씀대로 살아보려고, 처절하게 자신의 몸을 불사르며, 열정적으로 복음만을 위해 사력을 다해 몸부림쳤던 사람들입니다. 그랬기에 이들의 신앙은 홍의 마을에 그대로 고여 정체되었던 것이 아니라, 흐르고 흩어지고 사방으로 퍼져나가 강화 전 지역뿐만 아니라, 영종도와 인천으로까지 복음을 확대 재생산시켰던 것입니다.

초대 홍의인들의 어쩌면 과도하다 할 정도로 말씀에 입각한 신앙을 가지고 있었는데, 이는 한국 기독교 역사에 특별한 의미를 던져주고 있습니다. 일례로 구한말 기독교식 장례식을 치르면서 곡하지 않고 찬송하였던 창조적 신앙의 자세는 성경에서 말하는 복음을 듣고 읽는 차원으로 그친 것이 아니라, 자신의 삶의 현장 속에서 실천하고 적용하는 그래서 복음주의적 열매를 풍성히 맺는 한국적 토착화 신앙의 산맥을 이루었던 것입니다.

하나님 앞에 감히 바로 설 수 없는 죄인임을 자각했기에, 검은 옷을 입고 다녀 세상 사람들로부터 '검은 개떼'라 손가락질 받으면서도 전혀 아랑곳 하지 않고 예배당으로 향하였던 모습은 가슴을 뭉클하게 하고 눈물을 핑 돌게 하는 그 무엇이 있습니다.

그리고 거듭남과 그리스도 안에서 하나 됨을 추구하면서 이름을 촌수와 항렬도 무시하면서 '일'자 돌림자로 바꾸는 신앙을 통해, 수평적인 형제 됨 뿐만 아니라 수직적 형제 됨까지 추구하면서, 서로의 공동체 의식과 자신들의 온 삶을 신앙 안에서 성취시키려 했던 지극한 정성은 차라리 가슴 저미는 아름다움이 아닐 수 없습니다.

또한 외부의 힘에 의존하는 유아적 신앙이 아니라, 예배당을 건축할 때도 어떤 도움도 없이 스스로가 감당하고, 지도자의 생활을 자체적으로 책임지고 뒷받침하는 것 등, 하는 모든 일들은 초대 홍의인들이 자라고 성장케 하는 성숙의 자립적 신앙을 처음부터 소유하고 있었음을 말해 주고 있음입니다.

03

강화의 빌립보 교회
고부교회

강화의 뱃길

강화 선교의 전략적 요충지 #고부교회

강화 본도 서남부 지역의 교회들
#건평교회, #흥천교회, #삼성교회, #조산교회

강화 본도 서부 지역의 세 교회
#망월교회, #외포교회, #오상교회

강화의 빌립보 교회
고부교회

강화의 뱃길

강화도는 사면이 바다입니다. 해안 둘레는 99Km이고 섬의 넓이는 302.4 ㎢로 우리나라 약 3,000개의 섬 중에서 제주도, 거제도, 진도, 남해도에 이어 5번째로 큽니다. 행정구역은 인천광역시 강화군으로 인천에 속하지만 인천에서 강화로 들어오기 위해서는 경기도 김포를 거쳐야 합니다. 물론 바닷길을 통하면 짧은 거리가 되지만 김포에서 들어가는 두 개의 대교가 있어 인천과 강화를 오고 가는 여객선은 현재 없습니다. 그러나 1970년 강화대교가 개통되기까지는 인천항에서 출발한 여객선이 있었습니다.

거슬러 올라가면, 일제 강점기에 본격적으로 개발된 뱃길이 있었습니다. 그 당시 인천항에서 출발한 배는 강화도와 황해도 연안, 해주까지 운항했고, 마포나루를 출발한 배는 강화도와 경기도 개풍군을 운항했습니다. 남북이 분단된 후에는 인천 연안부두를 출발한 갑제호가 강화 초지를 거쳐 외포리와 교동을 운행하였습니다. 그러나 1970년 강화대교가 개통되면서 뱃길이 끊어집니다.

강화대교가 생기기 전에 강화읍으로 들어오기 위해서는 두 가지 방법이 있었습니다. 김포와 강화 사이를 흐르는 바다(강화 수로)를 오고 가는 여객선을 이용하는 것이었습니다. 그 배가 서울에서 오는 버스를 김포 성동 나루터에서 싣고 와서 갑곶에서 내려주면 버스 기사는 읍으로 차를 몰고 갔습니다. 그리고 인천(항)에서 오는 사람들은 여객선(갑제호)에 승선한 후 강화 외포리에서 하선 후 버스를 타고 강화읍으로 들어왔습니다.

버스가 없었던 시절에는 인천항에서 여객선을 타고 외포리에서 내려 강화읍에 도보로 갔습니다. 외포항에서 하선 한 여행객들은 오솔길을 따라 두세 시간을 걸어 나루 고개를 넘어 국화리를 거쳐 강화읍으로 갈 수밖에 없었습니다. 나루 고개는 진달래 축제로 유명한 고려산과 혈구산을 잇는 높은 고개 길입니다. 아침에 인천항에서 배를 타고 외포리에 도착하여 나루 고개를 넘어 강화읍으로 가면 해가 지는 하룻길이었습니다.

400미터의 높은 고개인 나루 고개를 넘기 직전의 마을이 고부(高阜)교회가 위치한 내가면 고천리입니다. 이 고천리에는 장골이라는 오래된 지명이 있습니다. 바로 이곳에서 오래전부터 뱃길을 따라 도착한 사람들이 산길을 따라 논둑길을 따라 삶의 터전으로 흘러 들어가기 위해 모여들던 곳이 장골이었고 그 장골의 건너편 언덕에 고부교회가 우뚝 세워지게 되었습니다.

고부(高阜)교회는 강화도에 세 번째로 세워진 감리교회입니다.

강화 선교의 전략적 요충지 #고부교회

교산교회의 모체인 시루미 공동체는 이승환 모자로부터 시작하여 1893년에 시작되며, 1894년에 김상임이 개종하고 예배처소는 1896년에 이루어집니다. 같은 해인 1896년에 홍의교회가 세워지고 세 번째 교회로 1897년에 고부교회가 세워집니다. 1970년에 구강화대교가 완공되기 전까지 강화는 배를 타고 들어가야 되는데 외포리에서 강화읍으로 향하는 길목에 있는 곳이 고부이며 고부가 중요한 거점이 됨을 알 수 있습니다.

예루살렘 교회와 안디옥 교회를 넘어 바울의 선교 여행에 있어서 전략적인 요충지가 되는 빌립보 교회가 있었던 바와 같이 고부교회는 중요한 위치에 세워진 강화의 세 번째 교회입니다.

고부교회의 설립은 홍의교회 설립 다음 해인 1897년 황양일에 의하여 시작됩니다. 고부교회는 황양일의 집에서부터 가정교회의 형태로 시작되어 개척 1년 만에 교인 49명에 이르는 성장을 이루었습니다.

고부교인들의 열심과 신앙에 대해 존스 목사가 보고한 '한국 연회록'의 '젊은 교인의 개종 이야기'에서 잘 보여줍니다.

"저는 최근 고부를 방문해서 아주 흥미로운 한 인물에게 세례를 베풀었습니다. 그 청년은 지난 수년간 귀신에 사로잡혀 있었습니다. 거의 모든 시간을 정신 나간 상태로 지냈으며 그는 가족의 고통이었습니다. 그러다가 잠깐 정신이 들었을 때 그리스도의 구원의 능력에 대한 소문을 듣고 그 자신이 그리스도를 찾기 시작했습니다. 그는 우리 지도자 집에 와서 며칠간 머물기를 원했고 내쫓기지는 않았습니다. 믿음과 기도의 능력으로 그는 치유받았습니다. 귀신 들린 소리를 그쳤으며 1년 동안 제정신이 든 상태로 지내며 말과 행실이 모두 건강했습니다. 제가 그를 문답해본 결과 그는 교회에 다니는 어느 누구보다 그리스도의 구속하시는 능력을 깊이 이해하고 있을 뿐 아니라 그리스도를 자신의 구세주로 확신하고 그를 의지하고 있음을 알 수 있었습니다. 그의 아내와 어머니도 함께 세례를 받았는데 이 모든 된 일들이 특별한 기쁨이 되었음은 물론입니다"[1]

수년간 정신병으로 고생하던 젊은 청년이 그리스도를 믿어 병을 고친 일은 마치 예수님이 가버나움에서 귀신 들린 자를 고친 이적과 같았습니다. 이일로 그의 온 가족이 세례를 받을 뿐 아니라 그 마을 사람들이 충격적인 사건으로 받아들이게 되었습니다. 이 사건을 통해 지역사회에 기독교가 보다 깊은 뿌리를 내릴 수 있었고, 인근 지역 복음 전파가 한층 활발해지는 기회가 되었습니다.

---

1 MKAM., 1900. 38쪽.

강화 본도 중서부 지역의 교회들

#건평교회, #흥천교회, #삼성교회, #조산교회

그러나 고부교회는 지속적인 성장과 큰 부흥을 이루지 못하는데 아직 큰 성장을 이루지 못했음에도 불구하고 두 곳의 교회를 설립하였기 때문입니다. 고부교회는 지금의 건평교회인 위량과 상도 두 교회를 개척함으로 교세가 분산되면서 지속적인 성장을 보지는 못했지만 이는 오히려 흥의교회의 정신이 전수되었음을 알 수 있습니다.

강화에 세워진 교회들은 하나의 교회로 멈추지 않고 그 교회들이 또 다른 거점이 되어 많은 교회들이 이 교회들을 통해서 확산되는 것을 보면서 놀라움을 가지게 됩니다. 고부교회에서 건평교회와 흥천교회, 그리고 복음을 이어받은 교회들은 또 다른 교회사를 이어나갔습니다.

먼저, 건평교회는 고부교인 정천일이 위량에 세운 교회입니다(1899년). 그의 본명은 정기현이나 일자 돌림을 받아들여 정천일이 되었고, 자신뿐만 아니라 아들은 서일로, 둘째 동생은 피일로, 셋째 동생은 용일로 고쳤습니다. 더 나아가 손자까지 일체에서, 일자 돌림 대신 마태로 이름을 바꾸어 3대 3형제가 개명하여 열심히 교회를 섬겼습니다.

고부교회에서 이어진 건평교회와 흥천교회는 서로 다른 두 가지 아름다움을 다 보여줍니다. 마치 한 부모에서 남자와 여자가 다 출생하듯이, 건평교회는 남성다운 강인함과 웅장함을, 흥천교회는 매우 여성적인 아름다움을 보여줍니다.

위: 건평교회, 아래: 흥천교회

흥천교회는 강화의 대학자인 김용하와 전병규가 1901년 8월부터 건평교회를 출석하다가 1906년 11월 초하루 김용하 집 내실에서 설립예배를 드리면서 시작합니다. 흥천교회 또한 삼성교회(1908년), 인산교회(1976년), 삼흥교회(1986년), 강화베다니교회(1990년)를 개척하였습니다. 교산-홍의-고부-건평-흥천-삼성 등 계속 이어지는 복음의 역사는 생명력 있는 복음의 능력을 실감하게 합니다.

한편 고부교회가 위량 외에 상도에 세운 상도교회는 고부 출신 황양일에 의해 1899년 개척되었으며 이후 조산교회와 능내교회로 나뉘었고, 현재 조산교회로부터 그 역사를 살필 수 있습니다.

삼성교회 모습

조산교회 입구 전경

강화 본도 서부 지역의 세 교회 #망월교회, #외포교회, #오상교회

강화의 세 번째 교회인 고부교회를 나누며 결코 놓쳐서는 안 될 복음의 흐름 중에 고부를 기점으로 서쪽에 위치한 세 교회인 망월과 외포와 오상에 세 교회가 있습니다.

먼저, 내가면 위쪽에 위치한 하점면 망월리에 위치한 망월교회는 1900년에 홍의교회 김경일이 개척하였고, 김치정, 고태연, 노시우, 노제민 등이 초가 7칸 예배당을 건립하였습니다.[1] 외포교회(당시에는 정포)는 1904년에 정세현의 대지 헌납으로 교회가 개척되었고, 오상교회(당시에는 구주머리

---

1 이은용, 『기독교대한감리회 흥천교회 百十年史』, 83쪽.

혹은 구상리[1])는 1905년에 장단교사라 불리는 사람이 복음을 전한 후 김제은이라는 토착인이 자치, 자급, 자립적으로 세운 토착교회입니다. 장단교사라 불리는 이가 가난하고 헐벗은 농민들에게 교육을 통하여 선교하고자 문맹퇴치로 교육을 실시하면서 하나님의 말씀을 가르치며 가슴 속 깊이 심어준 것이 오상교회의 최초의 시작입니다. 오상교회는 하나님의 말씀인 성경공부로부터 시작되었습니다.[2]

망월교회 초입 황금들판이 펼쳐진 길목에서

---

1 1913년 12월29일 행정구역 통폐합에 따라 오상리로 변경되었습니다. 오상동과 구하동이 합하여 오상리가 된 것으로 추정됩니다.
2 박인환, 『오상교회 103년사』(서울: 신일문화사, 2007), 160쪽.

| 경계에 선 사람들

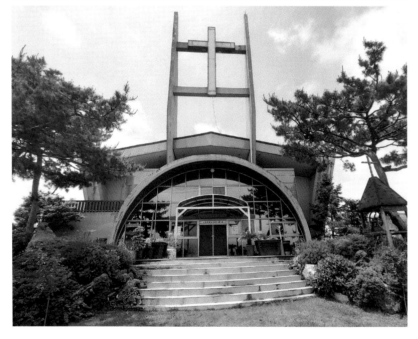

1. 외포교회 2. 오상교회 최초 예배 처소 3. 오상교회 2차 신축 4. 오상교회 3차 신축 5. 오상교회(현)

다소 아쉬운 바는 고부 서부 지역의 내가/하점면의 교회들의 개척 상황이 불분명하다는 점입니다. 1900년에 세워진 망월교회의 개척 상황이 뚜렷하지 못하며,[1] 오상교회의 장단교사에 대한 신원은 확인할 수가 없습니다. 이러한 정황 속에서 이들 교회들의 설립 배경에는 다양한 설이 존재합니다. 내가의 첫 번째 교회인 고부에서 파생되었는지, 강화의 최초의 교회인 교산교회에서 파생되었는지, 강력한 선교의 중심지가 된 홍의교회로부터 파생되었는지, 새로운 선교 중심지가 되는 강화읍에서 파생되었는지 여러 가지 가능성들이 있습니다.

　　한 때에 전략적 요충지였던 고부 지역은 세월의 변화를 겪게 됩니다. 보릿고개 시절 농업 정책이 벼농사 중심으로 바뀌면서 내가면 중심에 28만평의 내가 저수지가 농어촌 공사에 의해 만들어지면서 고부감리교회는 내가저수지에 갇혀 교통의 요지에서 산골의 오지가 되고 말았습니다. 이러한 사회문화적인 변혁 가운데서 감리교 강화 중서부 지역의 선교의 중심에 서 있던 고부감리교회가 고부성결교회로 교단이 바뀌게 된 배경에는 김만효 전도사의 열정적인 사역이 있었기 때문입니다.

　　분단 이후 원주와 충북지역에서 활동하던 성결교 김만효 전도사는 많은 교회를 개척하였습니다. 피난민이셨던 김전도사는 통일을 소원하며 고향이 바라보이는 강화도 지역에서 교회 개척사역을 70년대 초반부터 시작하

1 이덕주, 조이제, 『강화기독교 100년사』, 203쪽.

였습니다. 김만효 전도사의 개척사역으로 덕포교회, 두운교회, 선두리교회가 세워졌고 고부교회도 세워지게 된 것입니다. 감리교회였던 고부교회는 1970년 12월24일에 화재가 발생해서 전소하게 됩니다. 이후에 고부교회는 4년 동안 방치된 채 한 성도의 사랑채에서 예배드리고 있었습니다.

덕포교회와 두운교회에서 개척사역을 하였던 김만효 전도사는 이 소식을 듣고 몇 개월간 사랑채에서 예배를 드리고 있었던 고부교회에서 함께 예배하게 됩니다. 김전도사는 화재로 교회건물을 잃어버리고 좌절 가운데 있는 성도들을 위로하고 설득하여 성결교회로 교단을 바꾸는 산파의 역할을 합니다. 이러한 소식을 접한 기성총회본부에서는 1974년에 박세훈 목사(여수교회 원로목사)를 담임 전도사로 파송했고, 황우여 장로의 고모가 기증한 밭에다가 인천교회(화평동교회)와 교단의 지원을 받아 30여 평의 예배당과 사택을 건축하여 고부교회는 1974년에 감리교회에서 성결교회로 새롭게 출발하게 됩니다.

현재 홍의교회나, 고부교회를 보면 겉으로는 화려한 것도 특별한 것도 없는 그저 평범한 시골교회에 불과합니다. 그러나 이 교회들의 지금의 모습으로 판단할 수 없는 것은 이 교회의 진정한 평가는 지금의 교회의 모습이 아닌 이들 교회를 통해서 흘러간 복음의 능력과 결실로 살펴야 할 것입니다.

04

강화의 에베소 교회

교동교회

강화의 에베소 교회
교동교회

교동 선교의 중심 #교동교회

선교의 처음 세대를 살피는 일이 중요한 이유는 그들이 가졌던 순수하고, 뜨거웠던 신앙의 모습을 볼 수 있기 때문입니다. '처음 사랑'(계 2:4), 그 사랑을 회복하기 위해서는 처음 사랑의 현장을 먼저 보아야 할 것입니다.

교동 선교의 중심이 되며, 또한 교동면과 삼산면, 서도면의 강화도 서쪽 구역 선교의 거점과 시작점이 되는 교회는 교동교회입니다. 교동 읍내리로부터 시작한 교동교회는 지금은 상룡리에 있습니다.

현재 교동에는 12개의 감리교회가 있습니다. 상룡리의 교동교회, 난정리의 난정교회(1949년), 지석리의 지석교회(1951년), 대룡리의 교동중앙교회(1952년), 인사교회(1968년), 서한리의 서한교회(1970년), 양갑리의 양갑교회(1974년), 무학리의 무학교회(1974년), 삼선리의 삼화교회(1976년), 동산리의 동산교회(1980년), 봉소리의 화동교회(1984년), 고구리의 고구리교회(1990년)

예수님의 12제자와 같이, 이스라엘 12지파와 같은 숫자로, 12개의 교회가 있지만 교동 선교의 역사에 있어서는 현재의 두 번째 교회인 난정교회의 창립이 1949년으로, 교동 선교의 역사를 살필 때에는 교동교회를 중심으로 살펴야 합니다. 그러나 교동에는 교동교회만 있었던 것은 아닙니다. 읍내리에서 상룡리로 옮긴 상룡리 달우물 교회가 남아 있으므로, 역사/문화적 관점에서 이 상룡리 우물교회를 살펴야 할 것이며, 비록 폐쇄되었으나 인사리에 있었던 인사교회(1904년)의 역사와 서한리에 있었던 서한교회(1904년)에 관하여서도 살펴보아야 합니다.[1]

상룡리에서는 현재 예배가 드려지는 교동교회와 더불어 인근에 있는 이전 예배처소이며, 읍내리에서 이전 하였던 상룡리 달우물 교회와 더불어, 마지막으로 소개할 박두성 생가 등을 돌아보아야 합니다.

---

1 최규환, 최태육, 구본선, 『교동선교100년사』 (교동: 교동지역 교회연합회, 1999), 95쪽.

교동 선교를 좀 더 자세히 이해하기 위해서는 교동의 행정구역에 관하여서도 관심을 가져야 합니다. 교동이 이전에는 강화군과 같이 교동군이었으며, 더 나아가 강화군보다 교동군이 더 컸던 적이 있음을 아는 사람은 많지 않을 것입니다.

교동군에는 동면, 서면, 남면, 북면, 송가면 등 5개 면이 있었으나 1911년 한일합방 후 송가도인 송가면은 송남면으로 개칭하고 1914년 이후 삼산면에 편입되었습니다. 1914년 교동군은 화개면과 수정면 2개 면이 되고, 송남면은 삼산면으로 합면 되었으며, 1934년 강화군과 합군 이후 1937년부터 교동면의 행정구역은 화개산을 중심으로 봉소리, 상룡리, 읍내리, 대룡리, 고구리 등 5개 리로, 수정산을 중심으로 양갑리, 동산리, 시한리, 난정리 등 4개 리로, 율두산을 중심으로 무학리, 지석리 인사리, 삼선리 등 4개리 등 총 13개 법정리가 있습니다. 1995년 3월1일 강화군 교동면은 행정구역 개편으로 경기도에서 인천광역시에 편입되어 현재에 이르고 있습니다.[2]

---

2 이진환, 「교동도의 역사와 문화산책」(서울: 정행사, 2016), 26쪽.

섬에서 섬으로 #유배지로서의 교동

 강화군 교동면 교동도에 가기 위해서는 이전에는 강화도 창후리 선착장에서 교동도 월선포 선착장으로 운항하는 여객선을 이용해야 했지만 2014년 7월1일에 교동대교가 개통되어 지금은 쉽게 방문할 수 있습니다. 교동도는 서해 최북단 민간인 출입 통제 지역으로 군부대의 검문을 받고 출입할 수 있습니다.

 교동은 섬에서 섬으로 향한 곳이기에 역사적으로 방문한다면 유배지로서 기억할 수도 있습니다. 최충헌과 권력싸움에서 폐위되어 1211년 교동으로 유배를 당한 고려의 '희종', 조선 세종의 셋째 아들인 안평대군은 수양대군에 의해 교동으로 유배 후에 사약을 받게 됩니다.

연산군의 유배지로 추정되는 곳에는 우물만이 남아 있습니다. 읍내리 273번지.

교동에는 폭군인 연산군의 기념관이 있습니다. '무오사화', '갑자사화'의 두 번에 걸친 광기 어린 살생의 끝은 결국 박원종 등이 이끈 쿠테타로 막을 내리고 왕자의 신분으로 강등되어 강화도 교동으로 유배되어 두 달 만에 굶어 죽습니다(1506년 11월).

한 때는 성종의 총애를 받았으나 다른 후궁들을 독살하려 하였고, 왕의 얼굴에 손톱자국까지 내어 결국 폐비가 된 윤씨의 아들로 태어난 남다른 성장 배경이 인간적인 동정을 주지만, 그의 만행은 결코 정당화될 수 없을 것입니다. 연산군은 왕이 된 후에 광적인 폭정을 이어갔습니다. 두 번의 사화를 통해 엄청난 인명의 살생을 일으켰으며 기녀들을 궁중에 불러들여 오늘날까지 '흥청거리다'라는 말을 남겼습니다.[3] 연산군이 마지막을 보낸 읍내리 273번지에는 우물과 밭밖에 없지만 현재는 따로 기념관까지 세워졌습니다. 희종, 안평대군, 연산군 외에도 임해군, 능창대군, 폐비 류씨, 익평군, 흥선 대원군의 큰 아들 영선군 등이 교동으로 유배되었습니다.

섬에서도 섬이며 유배지로 쓰임을 받았던 이곳에서 우리는 처음 사랑의 흔적을 살펴보고자 합니다.

---

3 박영규, 『한권으로 읽는 조선왕조실록』(서울: 도서출판 들녘, 1996), 161쪽. 이 때 궁중으로 들어온 기생들을 흥청이라고 한다.

| 경계에 선 사람들

교동 선교의 개척자 #권신일

  바울 선교에 있어서 여러 교회를 개척하였으나 특별히 거점이 되는 교회들이 있습니다. 하나의 교회는 단순히 하나의 교회가 아닌 다른 교회들을 섬긴 또 다른 모교회가 되는 것입니다. 바울의 사역에 있어서, 바울은 먼저 2차 전도여행에서 고린도에서 만나 함께 사역하였던 브리스길라와 아굴라를 에베소에 보내 터를 닦게 하였고, 이후에 자신이 직접 들어가 3년간 사역하였는데 특별히 두란노 서원을 세워 말씀으로 다져진 사역을 할 수 있었습니다. 에베소 교회는 아시아의 모교회로서 여기에서 훈련을 받은 에바브라가 골로새 교회, 라오디게아 교회, 히에라볼리 교회를 개척하기도 하였으며 에베소 교회는 요한계시록에 나오는 소아시아 일곱 교회를 대표하는 교회였습니다. 아시아에 세워진 에베소 교회 외 8개 교회는 모두 에베소 교회를 통해서 세워진 교회라고 할 수 있습니다.

  홍의교회를 통한 큰 세 줄기 중의 서북쪽에 있는 교회가 바로 교동교회입니다. 교동은 서부 섬지역 선교의 거점이 되는 지역으로 일찍부터 북으로는 연백과 해주, 남으로는 인천, 동으로는 서울을 연결하는 뱃길이 발달되어 있었던 해상 교통의 요지로서 문물의 교류가 활발하고, 군사적인 요충지의 역할을 하였습니다.[4]

  교동의 선교 역사는 많은 지역들이 그러하듯이, 공식적으로 인정되고 기록으로 남아 있는 선교 역사와 비공식적인 선교의 역사를 함께 품고 있습

---

4 최규환, 최태욱, 구본선, 「교동선교100년사」, 57쪽.

니다. 교동의 공식적인 교회의 설립 이야기에 앞서 비공식적인 자료들에 관하여 먼저 살펴야 합니다.[5] 교동의 기독교 접촉에는 주요한 세 가지 접촉이 있습니다.

첫째, 오페르트에 의한 접촉입니다. 오페르트는 독일 상인으로 남연군 묘소 도굴 사건으로 흥선대원군의 쇄국정책을 더욱 강화하는 계기가 됩니다. 오페르트는 1866년 6월 엠페러호를 타고 강경만에서부터 서울로 들어가는 길을 찾기 위해 한강 어구를 탐색하다 교동에 도착합니다. 오페르트 일행은 주민들에게 담배와 성냥을 나눠주고 해군용 망원경을 돌려보게 해 주어 호의를 삽니다. 그러나 곧바로 그 지역 최고 관리가 쫓아와 섬을 떠날 것을 요구하고 결국 교동을 떠나 강화 본도에 머물게 됩니다.[6]

둘째, 토마스 목사와의 접촉입니다. 이는 상룡리에서 처음 믿은 교인인 박성대 가문에서 전해오는 이야기로, 그의 증조 할아버지인 박동협과 토마스 목사의 만남입니다. 병인양요가 있기 한 해 전인 1865년 한강 뱃길을 탐사 중이었던 토마스 목사가 탄 배가 빠른 물살에 휘말려 창후리 앞바다 등대 앞에 있는 쌍여(수중 바위)라는 큰 암초에 좌초되어 호두포구 부근에 상륙하였을 때에 만호[7] 벼슬을 하던 박동협이 이들 일행을 극진히 대접하고

---

5 위의 책, 66쪽.
6 E. Pert. A Forbidden Land: Voyage to the Corea, G.P. Putman's Sons. New York, 1880. 강화 기독교 100년사 재인용.
7 각 도의 진에서 마병과 보병을 통솔하던 종4품 무관.

| 경계에 선 사람들

물과 식량을 대주고, 배까지 고쳐주어 무사히 상해로 귀환하였습니다. 그러므로 교동 교인들 중에는 우리나라에서 교동이 가장 먼저 복음을 받아들였다고 생각하는 이들이 많이 있습니다. 물론 이 부분은 역사적인 검증이 되지 않았습니다. 그 가능성은 없지 않으나 토마스가 탄 로드암허스트 호의 항해일지에서 교동 상륙에 대한 기록이 없으며 이 배가 '이양선' 중 하나일 가능성과 토마스가 아닌 1832년 홍주 고대도에 상륙한 귀츨라프나 다른 사람일 가능성도 있습니다. 박성대 가문의 이야기는 여기에서 멈추지 않습니다. 그의 가문의 이야기를 앞으로 좀 더 다루고자 합니다.

셋째, 천주교의 접촉입니다. '병인양요' 때 '리델' 신부와 접촉하기 위해 강화를 찾은 천주교인이 있었습니다. 최인서, 성연순, 원정길 등이 프랑스 함선에 올라 병인교난에 대해 설명하고 조선의 군대에 대한 정보를 알려주었습니다. 1871년에 있었던 '신미양요'에는 강화 천주교인들의 서양인 접촉 시도가 있었는데 우윤집, 최순복, 박상손 등이며 이들은 강화 갑곶 나루에서 처형당했습니다. 곧 개신교 선교가 이루어지기 전에 강화에 천주교인들이 존재하였습니다.

교동 선교의 직접적이고, 공식적인 선교의 역사는 권신일로부터 시작합니다. 1899년 4월18일 존스는 연안의 나진포에서 교동을 들려 교동 선교의 가능성과 시기를 타진하고 2-3달 뒤에 본처 사역자로 홍의교회의 권신일[8]씨를 본처 사역자로 교동에 파송합니다. 존스에 의해서 세워진 '국내 선교회'(Home Mission arp society)에서 재정적인 지원을 하여 읍내에 집 한 채를 구입하여 예배 공동체가 형성됩니다.

강화도는 마치 작은 지구와 같습니다. 세계 선교를 하듯, 땅 끝까지 복음을 전하듯, 비록 국내 전도이고, 국내 선교이지만 그들은 강화 전역을 땅 끝으로 여기고 복음을 전하였습니다. 세계 선교를 위해서 멀리 갈 필요가 없었습니다. 그도 그럴 것이 지금은 지구촌이라는 말이 익숙해진 시대이지만 교통이 좋지 않은 시대적인 상황 속에서 자신의 동네만 벗어나면 그곳이 곧 선교지가 된 것입니다.

권신일 권사가 교동으로 이사를 오면서 그의 아내 황브리스길라에게 했던 말은 큰 은혜가 됩니다.

"나는 아내에게 이사를 하는 것이 우리에게 고난을 의미하는 것일 수 있다는 것을 말했다. 그러나 우리가 하루에 한 끼니를 먹으면 죽지 않을 것이라고 했다. 그리고 적어도 그 정도는 결심해야 한다는 것을 아내에게 말했다"

교동은 마치 시간이 멈춘 곳과 같습니다. 마치 타임머신을 타고 과거로

---

8 권신일의 본명은 '승희'이고 아내인 황브리스길라의 본명은 '황신애'입니다.

경계에 선 사람들

온 것과 같은 묘한 느낌을 줍니다. 만일 대룡 시장을 방문하게 된다면 이 것이 무슨 의미인지 알 수 있을 것입니다. 더 나아가 권신일 권사가 구입했던 초가집이 있었던 곳을 방문한다면 물론 지금은 그때의 초가집이 남아있을 리가 없지만 남겨진 집들과 마을의 분위기는 그때의 상황이 어떠했을지를 짐작하게 합니다. 이는 글로 남기며, 전달할 바 아닌 직접 가보아야 느낄 수 있는 것입니다.

교동 선교와 향교

교동의 이름은 향교와 관련됩니다. 교동의 본래 이름은 '대운도(戴雲島)', '고림(高林)', '달을신(達乙新)'이었으나 향교가 들어오면서 교동이 되었습니다. 교동의 향교[9]는 우리나라에서 처음으로 공자의 위패를 모신 '문묘'로 알려져 있으며 유교에 대한 자부심이 대단합니다.

이러한 보수적이며 유교적인 분위기 속에서 권신일의 전도가 어려움에 봉착하는 일은 당연한 일일 것입니다. 그러나 복음에 대한 거부와 더불어 다시는 찾아오지 말라는 그들의 말에 권신일은 다음과 같이 이야기하였습니다.

---

9 고려 문선왕 때 처음으로 중국 원나라에서 공자와 그의 제자들의 위패를 모시고 오다가 배를 처음 댄 곳이 교동이었고, 그래서 이곳 화개산에서 처음으로 공자에게 제사를 드렸다고 합니다. 이덕주, 「눈물의 섬 강화」, 132쪽.

"그럴 수는 없지요. 저는 장차 이곳에 세워질 그리스도의 교회에 쓸 재목을 얻으려고 왔습니다. 이제 당신과 같은 좋은 재목을 찾았는데, 이 좋은 재목을 포기한다면 마귀 집 부엌의 불쏘시개로 없어질 것이 분명한데, 당신 생각에 내가 포기할 것 같아요? 그럴 수 없죠. 내일 다시 봅시다"

결국 권신일의 전도를 못마땅하게 여긴 섬의 선비들은 권신일을 섬에서 추방하기로 결정하고 위원회를 구성하여 군수를 방문하여 이를 청원하였습니다. 강화 유수가 존스의 입성을 막았던 것처럼 이번에는 군수가 권신일을 내쫓는 일을 앞장서 주기를 바랐습니다. 그러나 군수는 다음과 같이 말하였습니다.

"지금 서울에 임금이 계신 궁궐(덕수궁) 바로 옆에도 교회(정동제일교회)가 있는데 이로 미루어보면 임금님께서도 교회를 반대하시지 않고 교인들이 교회 세우는 것을 용납하셨다는 게 아니냐? 서울에서도 이런데 하물며 서울보다 세 등급 아래인 일개 군에서 어찌 교회를 내쫓을 수 있겠는가? 난 못한다"

화개산 초입에 있는 교동 향교. 사진은 외삼문의 모습이며, 이는 앞으로 설명할 성공회의 외삼문과 비교할 수 있습니다.

이들의 노력은 오히려 복음이 공적으로 보호를 받는 기회가 되었습니다. 교인들이 서울에서 머무를 권리가 있는데, 그보다 세 등급 아래인 군에서 그들을 내쫓는다는 것은 어리석은 일입니다. 더 이상의 방해는 없었고 오히려 10 가정이 우상을 버리고 기독교인이 되어 최초로 세워진 교동교회의 핵심 인물이 되었습니다.

감리교의 강화 복음 전도가 강화읍으로부터 시작하지 않고 강화 서북 지역의 변두리로부터 시작된 바와 마찬가지로 권신일의 전도로 말미암아 시작된 교동의 복음 전파도 중심 지역인 읍내리보다도 섬의 변두리 지역에 먼저 복음의 역사가 일어납니다. 인사리의 황초신, 황여신 등 황씨 집안 사람들, 서한리의 방족신, 방학신, 방합신 등 방씨 집안의 사람들, 상룡리의 박성대, 박형남 등 박씨 집안 사람들이 교동교회의 기초가 되었습니다.

교동 교회의 10가정 #처음 사랑

이제 다음으로 소개하고자 하는 것은 교동 교회의 처음 일꾼들입니다. 교동 교회의 10가정을 소개하면 다음과 같습니다. 이들의 신앙은 참으로 순수했고 뜨거웠습니다.

> 황한신, 황초신(민다비다), 권민신, 서풍신, 방족신,
> 방마리아(황철신), 황여신, 안낙신, 김상근, 박성대

우리는 이들에 대한 모든 것을 알 수 없고, 말할 수 없지만 그들이 남긴 여러 이야기들은 처음 신앙과 사랑이 무엇인지를 우리들에게 보여줍니다.

신자 돌림

먼저 이들의 이름에 '신'자 돌림이 나타나는 것을 볼 수 있는데, 홍의교회의 성도들이 '일'자 돌림으로 그들의 신앙을 표현하였던 것처럼 교동에서도 그들에게 복음을 전했던 권신일의 '신'자를 돌림으로 하였습니다. 일자 돌림의 토착화가 이루어졌다면 교동교회 역시 믿음의 역사를 그들의 방식으로 재해석하였던 것입니다.

교회를 세운 사람들

북면 인사리의 황한신, 황초신, 서면의 권민신, 서풍신, 방족신, 인현동의 방마리아.

이 6가정은 문헌적으로 증거 되고, 나머지 가정들은 주변 정황으로 추론됩니다. 교동에 남아있는 가장 오래되고 정확한 자료 중의 하나인 '난정교회 연혁'에 의하면, 1904년 '서풍신', '방족신'이 서한리에, '황한신', '황초신'이 인사리에 교회를 설립합니다. 방족신은 3회 졸업생인 권신일보다 앞서 감리교신학대학의 전신인 협성신학교의 2회 졸업생에 그 이름을 올립니다. 서풍신은 1902년 교동사람 '김근영'이 진촌 (서도중앙교회)에서 전도할 때 볼음으로 전도 가는 그를 붙잡고, 진촌교회를 설립하는데 결정적인 역할을 합니다.

방마리아-똥물을 먹은 여인

교동의 최초의 교역자는 방족신이고, 문헌상 최초의 교인은 방마리아입니다. 방씨 가문에 큰 영광입니다. 방족신과 방마리아의 구체적인 관계에 대해서는 알 수 없습니다.

신학월보에 의하면[10] 방마리아는 1899년 믿음을 갖기 시작해 2년 후 돌아가신 시아버지의 제사를 거부함으로 남편 황신철에게 다섯 번 기절할 정도로 매를 맞고 친정으로 쫓겨오고, 친정 식구들에게는 '미친병에는 똥이 최고라' 하여 친정 식구들이 똥물을 만들어 먹이기까지 하였습니다. 물론 방마리아는 똥물을 모르고 먹었지만 그 어떠한 핍박에도 굴하지 않고 믿음을 지켰습니다.

안타깝게도 방마리아는 1904년 7월25일 산고에 의하여 29세(혹은 22

---

10 『신학월보』, 1903년 10월호, 437-438쪽.

세)의 젊은 나이로 죽습니다. 그러나 그녀는 죽기 전에 친정 부모와 남편 3명과 시가의 작은댁 5명을 더하여 총 8명을 전도하였습니다. 방마리아를 무수히 때렸던 남편은 '신'자 돌림으로 개명하여 '황철신'이 되었고, 이들이 1904년 설립된 인사리 교회의 처음 교인들입니다.

민다비다- 고난의 종

방마리아와 같은 마을에 살았던 민다비다는 1900년 경에 홀로 예수를 믿다가 1년간 기도 끝에 남편을 개종시킵니다. 민다비다가 즐겨 부른 찬송은 '내 평생 소원 이것뿐'(찬 450장)입니다. 이 찬송은 민다비다의 인생을 잘 대변합니다.

"내 평생 소원 이것 뿐 주의 일 하다가
이 세상 이별 하는 날 주 앞에 가리라

꿈 같이 헛된 세상 일 취할 것 무어냐
이 수고 암만 하여도 헛된 것 뿐일세

불 같은 시험 많으나 겁내지 맙시다
구주의 권능 크시니 이기고 남겠네

금보다 귀한 믿음은 참 보배 되도다
이 진리 믿는 사람들 다 복을 받겠네

살 같이 빠른 광음을 주 위해 아끼세
온 몸과 맘을 바치고 힘써서 일하세 아멘"

민다비다에게는 불같은 시험이 있었습니다. 그러나 이 찬송의 가사대로 그는 모든 시험에도 불구하고 온전한 믿음을 가졌습니다. 민다비다에게는 2남2녀가 있었습니다.

큰 아들 태익은 배재 학당을, 큰 딸은 이화여전을 졸업하고, 막내 황사라 는 감리교 신학대학을 졸업하였으며 둘째 아들도 화목한 가정을 이루었습니다. 그러나 민다비다는 자식들을 통한 큰 슬픔이 있었습니다. 큰 딸은 이화여전을 졸업 후 교동에 와 뒷 산에 올라 매화꽃을 따며 놀다가 가시에 혈관을 찔려 죽었습니다.

둘째 아들은 화목한 가정을 이루었으나 둘째 아들 부부와 아이는 모두 장티푸스로 죽었습니다. 큰 아들 태익은 강화 문장이라고 불릴 만큼 장래가 유망하고 연안으로 초청받아 서당 선생을 할 정도였으나 의부증이 심한 아내를 얻어 시달림을 당하다 폐인이 됩니다. 술을 너무 많이 마셔 48세에 위암으로 죽습니다.

사람들은 이러한 시련을 받은 민다비다가 예수를 믿은 것이 불행이 원인이라 하며 비난하고 핍박하였으나 그녀는 끝까지 전도부인으로서의 자신의 직분과 사명을 다하였습니다. 교동, 강화, 서도, 인천 등지를 오가며 선교 사업에 인생을 바쳤습니다.

우리들이 바라보아야 할 것은 한 사람의 인생에 가득한 불행이 아니라 그러한 어려움과 환난을 어떻게 풀어 나아가며, 승화시키는가 하는 것입니다. 민다비다는 자신의 모든 어려움이 크나 오히려 복음 전파로 승화시키는 삶을 살았습니다.

황초신 - 변화

황초신은 인사리의 창원 황씨 영주라는 분의 양자입니다. 생부는 혁주이며 4남 중 세 번째 아들입니다. 친동생 순경은 초기의 신앙인 중의 하나이고, 순경의 아들 황화인은 인사리 교인입니다. 민다비다의 남편 황초신은 1901년 아내 민다비다의 기도의 응답 가운데 신앙인이 되었습니다. 황초신은 진정한 변화가 무엇인지를 잘 보여줍니다. 그의 삶은 예수를 영접한 후 180도로 다른 인생을 살았습니다.

설날 친인척이 와도 마당에서 절을 하게 하고 돌아가게 했을 정도로 교만하였지만 예수를 영접하고는 동네 사람들뿐만 아니라 친인척으로부터 온갖 하대와 핍박을 받으면서도 묵묵히 신앙생활을 하였습니다.

예수를 영접하고 우상을 불사르니 그 부모와 동생들이 와서 상투를 붙잡고 넘어뜨리고 그 위에 깔고 앉아서 뺨을 치며 내가 너를 이 칼로 찔러 죽일 터이니 예수 안 믿기로 항복하라 하나 내가 그 칼로 죽을지언정 항복하지 않겠노라 하였습니다. 이에 그 부인 민다비다는 오히려 내가 하나님께 일 년 동안에 기도하기를 특별히 내 가장 회개시켜 주시기를 원하였더니 오늘이야 하나님이 내 소원을 이루어주셨다 하였습니다.

황초신이 개종하였을 때에 핍박은 한 번으로 끝나지 않았습니다. 집안 사람들이 저녁마다 찾아 와 복숭아채로 두들겨서 그에게 들어간 예수 귀신을 쫓아내려 하였습니다. 저녁부터 새벽까지 7일 동안 황초신을 때렸고, 이 일로 아무 변화가 없자 집 주위에 새끼줄로 금줄을 둘러 누구도 가까이 하지 말라고 황초신을 사람들로부터 고립시켰습니다. 교동에 만평이 넘은 규모로 농사를 지음에 있어서 사람들이 도와주지 않아 자신이 누렸던 물질적 풍요와 세상적인 지위를 포기하여야 했습니다.

박성대-박씨 가문의 믿음의 원조

유명한 음식을 팔 때에 저마다 원조 간판을 내답니다. 저마다 원조라고 하나 정확히는 알 수 없는 경우가 많습니다. 그러나 더 중요하고 영광스러운 것은 믿음의 원조입니다. 믿음의 가문에 있어서 처음 믿는 자들은 개척자로서 대가 지불이 있기는 하나 그 영광은 이루 말할 수 없는 것입니다.

읍내리에 있었던 교동교회의 초기 10가정 중의 한 사람이며, 상룡리에서 처음 믿은 사람은 박성대입니다. 앞서 교동의 기독교 접촉에 있어서 박성대의 증조 할아버지인 박동협과 토마스 목사의 조우에 관하여 전하였습니다. 아직 믿음이 이 가문에 들어오기 전에 박성대의 할아버지인 박기완 또한 기억해야 할 바가 있습니다.

박기완은 배 여섯 척을 가지고 고기를 잡아 큰돈을 벌었는데 돈 쓰는데 인색하지 않았습니다. 그 유명한 신축년(1901년) 흉년 때 섬사람들이 굶어 죽게 될 지경에 이르자 직접 배를 끌고 전라도까지 가서 곡식을 사다가 교동 동면(읍내리, 고루리, 상룡리, 대룡리, 봉수리) 사람들을 먹여 살렸습니다. 훗날 그 일로 나라에서 오위장 벼슬을 받고 주민들이 송덕비를 세워주었습니다.[11]

그러나 이보다 더 크고 훌륭한 일은 바로 그의 아들 박성대로 말미암습니

---

11 이덕주, 『눈물의 섬 강화』, 144쪽.

다. 박성대는 복음을 받아들이고, 그의 가문에 믿음의 원조가 되었기 때문입니다. 철저한 유교 신봉자였던 박기완은 아들이 예수를 믿겠다고 하자 분노하며 '야소교를 믿으려면 차라리 목숨을 끊으라'며 칼을 들어보았지만 결국 아들을 돌이키지는 못하였습니다.

아버지 박기완과 마찬가지로 박성대 또한 유교 신봉자였으나 어느 날 길을 가다가 전도인을 만나 '젊은이 이거 한번 읽어보게' 하며 전달받은 성경책을 읽고 예수를 영접하고 아들 박형남과 함께 읍내리 교동교회에 나가기 시작하였습니다. 박성대와 박형남 부자는 이후 감리교 평신도 목회자로 1920년대 교동교회의 '본처 전도사'로 활약하였고 교동뿐만 아니라 강화 지역 교회 지도자가 되었습니다.

1933년 교동교회가 어려움에 처하였을 때에 박성대는 자기 소유의 임야 100여 평을 교회에 내놓아 교동교회는 읍내리에서 상룡리로 옮겨 새 예배당을 짓습니다. 상룡리 예배당은 지붕만을 바꾸고 처음 지었을 때의 그대로의 모습으로 남아 있습니다.

그러나 안타깝게도 교회가 상룡리로 옮기고 박성대 박형남 부자는 이듬해에 죽게 됩니다. 박형남은 세브란스 학교에서 공부하고 삼일 운동 때에는 인천 영화학교 교사로 있다가 만세 운동으로 옥고를 치렀는데 그 뒤에 교역에 뜻을 두고 전도하는 일을 하였습니다. 본래 의학교 출신이라 전도하다가 병든 사람들은 집으로 데려와 고쳐 주었는데 서사면에서 온 한 할머니가 장질부사 환자로 치료를 받는 중에 박형남의 아들 박영재를 이뻐해서 안아주곤 했는데 그만 10살의 박영재가 장질부사에 걸리게 됩니다. 아들이 장질부사로 의식불명 상태가 지속됨에도 불구하고 포기하지 않고 박형남은 정성껏 끝까지 치료하였는데 기적적으로 아들은 살았으나 이번에는 아버지 박형남이 이 병에 걸리게 됩니다.

박두성 생가

그러나 복음의 씨앗은 이 가문에 계속 이어져서 박성대와 박형남에 이어 그의 아들 박영재는 신학을 하고 목사가 되고 이 박씨 가문에서는 60여명의 목사와 장로가 배출됩니다. 이후 박형남의 동생 박이남과 그의 작은 할아버지인 박기만이 계속해서 교회를 지키며 성장을 지속하였습니다. 박기만은 땅 600평을 헌납하여 상룡리 교회의 자립 기반을 삼았습니다.

박두성- 맹인의 세종대왕

박씨 가문의 박성대와 박형남으로 이어진 복음의 역사는 이후 그의 형제와 자손들을 통해서도 지속되며, 더 나아가 박성대의 작은 아버지가 되는 박기만과 그의 아들 박두성을 통해서도 이어집니다. 송암 박두성은 한성사범학교를 졸업하고 맹인 교육 기관인 제생원 교사로 들어간 이후 평생 맹인 교육에 종사하여 1926년 훈맹정음으로 불리는 한글 점자를 창제하여 맹인의 세종대왕이라고 불립니다. 박두성은 이후 동서양 고전과 성경 점역에 몰두하여 결국 말년에 그 자신이 실명 상태에 이르렀습니다.

우리는 이들의 이름이 낯설고 또한 잘 기억하지 못할 것입니다. 그러나 성경에 그 이름이 기록된 자들처럼 이들의 이름 또한 천국에서 기억될 것입니다.

교동교회[12]는 해방 후 난정교회(1949)와 교동중앙교회(1952)를 분립시켰습니다. 1970년대까지만 해도 교동에 설립된 12개 교회의 '모교회'였습니다. 1979년 교인 일부가 대룡리로 나가 교동제일교회를 설립하며 교인 사이의 갈등이 있기 시작합니다. 1990년에 다시 합치기로 하고 두 교회 중간 지점인 상룡리 628번지에 예배당을 지었으나 통합 과정에서 갈등으로 합류하지 못하고 상룡리에는 두 개의 예배당이 있습니다.

---

12 교동교회는 1904년 교회 바로 옆에 동화학교를 세우고 다음 해엔 동화여학교를 세웠습니다. 교회 옆에 학교가 있었고, 학교 옆에 교회가 있었던 기독교 선교의 특징을 교동에서도 볼 수 있습니다.

05

삼산의 교회들
송가교회

셋이 하나가 된 섬 #석모도

석모도 선교의 개척자 #권혜일

석모도의 첫 번째 교회 #매음교회와 윤정일

삼산의 교회들
송가교회

셋이 하나가 된 섬 #석모도

석모도는 지금은 하나의 섬이지만 과거에는 세 개의 섬으로 나누어져 있었습니다. 석모도 위쪽의 송가도는 석모도가 아닌 교동에 속하였고, 석모도 아래에는 매음도가 있었습니다. 석모교회에서 송가를 바라본다면 송가가 예전에 섬이었음을 예견하는 데에 어렵지 않습니다. 마치 논밭에 떠 있는 듯한 송가를 볼 수 있는 것입니다. 이러한 세 개의 섬은 조선 숙종 때에 간척사업으로 하나의 섬으로 연결되어 지금의 석모도가 되었습니다. 행정구역으로 교동이 교동면에 속하였다면 석모도는 삼산면에 속해 있습니다.

석모교회에서 바라본 송가. 석모교회에서 바라보이는 송가는 교동이 아니며 석모도의 일부분이 된 송가입니다.

강화군 외포항에서 서쪽으로 1.2km 떨어져 위치한 석모도는 수도권 시민들에게 널리 알려진 휴식처입니다. 주요 관광지로, 민머루해변, 보문사, 자연휴양림, 석모도 미네랄 온천 등이 있습니다. 교동에 이어 석모도에게 2017년 6월27일에 다리가 개통되어 이전보다 더 많은 사람들이 방문을 합니다. 그러나 이 아름다운 자연을 품고 있는 곳에 우리는 또 다른 목적과 의미를 가지고 석모도를 바라보아야 합니다.

출처: 강화군청

석모도 선교의 개척자 #권혜일

석모도의 복음의 시작은 송가에서부터 이루어집니다. 1899년 2월15일 자 〈대한그리스도회보〉는 홍의교인 권혜일이 교동 송가섬에서 전도 활동한 결과를 자세히 보고하고 있습니다.

"강화 홍의교회 교우...또 권혜일씨는 복음을 가지고 각처로 젼도단이다가 교동 송가따헤 가서 박형주씨 집의 유속하며 그 동리 사람 륙칠인으로 더브러 기도하는 법을 가리치며 셩경도 여러 권을 사서 공부하게 하엿시니 다 셩신님의 감샤하심을 감샤하고 장차 그다의 교회가 일어나기를 하나님께 빌고"[1]

삼산지역에 복음화의 시작은 교동보다 빠르며 매우 이른 시기로, 홍의교회의 권신일의 조카 권혜일이 1898년에 송가에 와서 박형주의 집에서 복음을 전함으로 이루어집니다. 추가적으로 1900년 선교보고서는 송가교회의 현황을 전합니다.

"송개(Song-gai). 시작단계에 불과합니다. 그러나 뭔가 기대는 됩니다. 사업이 시련을 극복할 수 있을지는 두고 보아야 하겠습니다. 이곳엔 영향력 있는 지도자가 없습니다."[2]

---

1 〈대한그리스도회보〉, 1899.2.15.; 이덕주 조이제, 『강화기독교100년사』, 123, 216, 241쪽.
2 〈MAMK〉, 1900, 38쪽.; 이덕주 조이제, 『강화기독교100년사』, 129쪽.

송가교회 첫 번째 예배당

송가교회 두 번째 예배당

    지도자가 없었던 어려움 가운데 있었던 송가에 교회가 세워진 때는 1902 년입니다. 1902년 초, 교동에서 사역한 권신일 목사의 전도를 받은 신응권 성도는 예수를 구주로 받들어 당시 서기(書記)였던 이문규 성도와 합심하여 성전 건축을 계획하고, 서도면 은염섬에서 귀신나무라 불리는 '당나무'를 벌목하여 착공을 시작하였으나, 당시에는 박해가 심했습니다. 귀신나무를 벌목하여 동리가 화를 입는다는 것이었습니다. 그러나 "화를 입는다면 나무를 찍어 온 우리가 벌을 받을 것이지 동리가 화를 입지는 않을 것이오."라는 설득으로 교회가 준공될 수 있었고, 드디어 예배를 보기 시작하였습니다.

진입로조차 없는 두 번째 예배당에 들어가면 폐건물로 방치되어 있지만 강대상과 회중석을 가르는 제단의 뿔이 옛 예배당의 형태를 보여줍니다.

1902년에 송가교회의 첫 번째 예배당인 초가 예배당이 마련되고 송가교회는 1903년 경에는 '항포'에 교회를 개척하고, 연이어 1904년에는 '석모리'에 교회가 개척되었습니다.

현재 송가교회를 섬기는 고재석 목사는 40번째 담임으로 교회를 섬기는데, 24대까지는 송가, 항포, 석모 3개 교회를 한 목회자가 담임하였으나 24

대 이후로는 각각의 교회에 담임자가 세워졌습니다.

송가교회가 가장 먼저 세운 교회는 항포교회입니다.

송가교회를 가기 전에 먼저 만나는 교회는 석모교회입니다. 석모교회에서 먼저 이전의 송가도를 바라보고 항포교회를 지나
송가교회에 이르게 됩니다. 세 교회 중에 마지막에 설립되었으나 가장 먼저 만나야 할 교회입니다.

송가교회는 교회 설립 이후 신응권 형제의 후손들과 이문규 성도의 아들 이학진 삼형제의 후손들, 김경원, 한기문, 김용호 가정 등 많은 성도들이 교회를 받들어 왔으며, 역대 교역자의 끊임없는 전도를 통해 오늘과 같은 송가교회로 성장하게 되었습니다.

석모도의 첫 번째 교회 #매음교회(삼남교회)와 윤정일

송가와 항포, 석모에 세워진 교회가 같은 뿌리를 가진다면 이보다 먼저 세워진 교회가 매음에 있습니다. 복음을 먼저 접한 송가에 1902년 경에 교회가 세워졌다면 구체적인 교회의 설립은 삼산면 중에서도 가장 아래에 있는 매음에서 먼저 이루어집니다. 본래 성공회 교인이었으나 감리교인이 된 윤정일이 1899년 경에 매음에 교회를 설립하였고(현 삼남교회), 그는 삼산뿐만 아니라 주문, 볼음, 서검 등 강화의 서부 섬들을 다니며 주문, 삼산 지역의 개척 전도사로 활약합니다.

다음은 고 유호연 집사가 1959년 1월7일에 작성한 글의 일부분입니다.

"지금으로부터 60여 년 전에 삼산 온 사회가 주님의 복된 소식을 모르고 있을 때 윤정일 씨가 교산에서 복음을 듣고 예수를 믿게 된 후 씨는 소명감에 불타서 복음을 전파하지 아니할 수 없어 1899년에 복음

삼남교회는 석모도에서 가장 먼저 세워진 교회일 분만 아니라 현재 역사관까지 품고 있어, 그 의미가 더욱 깊습니다.

선교에 몸을 헌신하게 되니 비로소 매음리 동리에 복음이 전파되었고, 처음에는 교인 댁 사랑방에서 예배를 보아오다가 1912년에는 매음리 1구 276번지 초가 10간 되는 집을 사서 약 15세대 가량의 교인이 모여 유명현 전도사와 함께 교회 발전을 위하여 노력하여 오던 중 윤정일 전도사님이 별세하시고 유명현 전도사님이 전심전력으로 봉사하시다 별세하신 후 유호성 씨와 고도진 씨의 부단하신 노력으로 1932년 5월 3일에 초가10간 예배당을 산36번지에다 신축하고 봉사하시였습니다...”

강화에는 조선시대 해상 검문소 역할을 하던 ‘검도’가 두 곳 있었는데, 길상면 아래 있는 섬을 '동검도'라 하였고, 교동 아래 삼산 서쪽에 있는 섬을 '서검도'라 하였습니다. 삼산과 주문에 개척을 하였던 윤정일은 1905년 이전에 이곳 서검도에도 예배당을 설립하였습니다. 1905년 케이블은 윤정일의 선교에 관하여 다음과 같이 보고하였습니다.

"몇 교회에서 새 예배당 건축이 진행되고 있습니다. 검도에는 우리 매서인인 윤(정일) 형제가 활동하고 있는데 그는 섬의 불신자들에게도 널리 알려진 인물입니다. 그가 예배당을 지으려 하는데 자기 집안에서 마련한 금액으론 부족하게 되자 불신자 친구들을 찾아가 사정을 털어놓았습니다. 그러자 놀랍게도 그들 중 상당수가 건축비를 냈는데 어떤 사람은 20달러 규모를 내놓았습니다. 이런 도움으로 그는 예배당을 세울 수 있을 만큼 충분한 자금을 확보하였습니다."

'검교회'로 불려진 서검리교회는 윤정일 외에 김베드로, 고경식 등이 개척 교인으로 활약하였습니다.

교동 읍내리에서 시작한 하나의 교회는 서쪽의 서한리 교회, 북쪽의 인사리 교회로 확장하여 교동에 세 곳으로 확장되었으며, 교동 아래로 송가에 복음을 전하는 것이 여유치 않았으나 복음의 확장은 계속 이어져서 매음으로부터, 송가, 석모, 항포까지 4개의 교회가 세워지고, 서검에 한 곳까지

1900년대 초에 8개의 교회로 확장되었습니다.

　이로써 교동에서 시작된 강화 서부 섬 지역 선교는 교동에 세 곳, 삼산에 네 곳, 서검에 한 곳, 교회가 설립되어 강력한 서부지역 선교 기지로 자리 잡게 되었습니다.

| 경계에 선 사람들

06

강화의 로마교회

강화중앙교회

평화통일의 기원 #강화평화전망대

강화의 새로운 선교 구심점 #강화읍교회

세 가지 신앙
#복음 신앙, #토착화 신앙, #민족 신앙

강화의 로마교회
강화중앙교회

평화통일의 기원 #강화평화전망대

1900년에 황해도 연백과 뱃길이 닿는 항구 마을로서 당시에는 강화읍 다음으로 인구가 많았던 산이포에 교회가 설립되었습니다. 산이포는 강화 북쪽 끝으로 지금의 서사면 철산리입니다. 강화교산교회에서 산이포로 가는 길에 지금은 강화평화전망대가 있어, 그곳에서 북녘 땅을 바라볼 수 있습니다. 강화에서 북녘 땅을 바라볼 수 있는 의미있는 세 곳이 있습니다. 첫째, 강화평화진망대입니다. 이곳은 평화통일을 기원하는 곳으로 기념관이 잘 세워져 있습니다. 둘째, 교동의 UN8240 을지 타이거여단 충혼비가 있는 곳입니다. 고향땅을 되찾기 위해 대북침투 작전을 펼친 장병들의 피흘림을 결코 잊어서는 안될 것입니다. 셋째, 교동의 망향대입니다. 이곳은 고향을 그리워하는 실향민들을 위로하는 곳입니다.

강화 본도에서 강화평화전망대를 통해서 북녘 땅을 바라볼 수 있는 바와 같이 비록 을지타이거여단 충혼비(위)와 망향대
(아래)에는 큰 기념관은 없지만 교동을 들린다면 각각의 다른 북녘 땅을 바라보는 의미를 찾을 수 있습니다.

망향대는 황해도 연백군 연안읍에서 피난 온 주민들 중 애향모임인 비봉회 대표 김규태 외 15명의 회원이 중심이 되어 여러
후원과 찬조로 교동면 지석리 269-1에 1988년 8월15일에 준공하였습니다.

강화의 새로운 선교 구심점 #강화읍교회

산이포의 개척은 교산교회의 주일학교 교장이었던 이정근 성도가 자기 집을 팔았고, 거기에다 국내 전도회 기금이 합쳐진 것입니다. 이정근 성도는 산이포로 이사와서 책방을 열고 주민들을 대상으로 선교사업을 시작하였습니다. 비록 산이포 교회는 2년 후에 1902년 강화 북부지역을 휩쓴 가뭄 피해로 교인들이 대부분 다른 지역으로 이주하여 폐지되었으나 강화의 두 번째 큰 도시에 설립됨으로 강화읍에 교회 설립을 눈 앞에 둔 것입니다.

산이포 개척은 빠르게 강화읍교회 설립으로 이어졌습니다. 강화읍교회는 산이포교회와 같은 해인 1900년 9월1일에 설립되있습니다. 강화읍교회는 홍의교회로 말미암습니다. 점점 늘어가는 강화읍 성도들의 수적 부흥은 자연스럽게 강화읍의 교회를 신설하게 된 것입니다. 강화읍교회의 초기 개척 인물로는 인도자는 박능일이고, 초신자는 주선일 부부, 김봉일, 허진일, 최족일 그리고 김선희의 외할머니 김엘리자벳, 김경진의 어머니 이살로매 등입니다.[1] 홍의 교회를 출석하고 있었던 주선일 부부가 주축이 되어 교인들이 헌금하여 강화읍내 천교하에 여섯 칸 반짜리 초가집을 12원에 매입하였습니다.

---

1 이은용, 『강화읍잠두교회역사』(인천: 기독교대한감리회 강화중앙교회, 2016), 46쪽.

50년대 강화중앙교회   60년대 강화중앙교회

    강화읍에 교회가 세워진 것은 특별한 의미를 가집니다. 존스 선교사의 입성 거부로 말미암아 중심부가 아닌 변두리에서 시작된 강화 선교가 마침내 중심부에 이르렀다는 사실과 강화의 제일 도시에 교회가 세워짐으로 강화 선교의 새로운 중요한 거점이 마련된 것입니다.

    토착민들의 이와 같은 헌신으로 마련된 예배당은 존스 선교사에게 너무나도 귀하였습니다. 그러나 강화읍 교회가 가진 의미와 앞으로 짊어져야 할 강화 선교의 중심 거점의 사명을 감당하기에는 여섯 칸 반짜리 초가집은 너무나 좋았습니다. 이에 존스는 1901년 4월에 교인들과 상의한 후 교회를 옮기기로 하고 읍내 부내면 홍문동, 지금의 잠두에 기와집 52칸, 초가집 16칸을 구입하기에 이릅니다. 이때 소요된 금액은 이전에 모아진 금액의 17배에 해당되는 많은 돈으로 이는 존스 목사의 주선으로 미국 오하이오주 메리에타에 사는 찰스 오토가 죽은 자기 아내를 기념하여 선교 기금을 보냄으로 이루어진 것입니다. 이로써 강화읍교회는 설립 단 1년 만에 강화에서 가장 큰 예배당이 되었습니다.

강화읍교회는 1대 담임이라 할 수 있는 존스 목사에 이어 강화읍교회 신설의 주역인 박능일 전도사가 2대 담임으로 이끌었으나 1903년 3월 1일 질병으로 별세하고, 그다음으로 김상임의 둘째 아들인 김우제 전도사가 이끌었습니다. 특별히 김우제 전도사는 기독교 신앙과 민족의식의 조화를 목회에 적용하였습니다. 학교를 설립하여 계몽운동과 신앙교육을 실시하였고, 엡윗청년회의 청년운동과 민족운동을 연결시켰습니다. 이러한 그의 활동은 당시 강화 진위 대장이었고 후에 임시정부 국무총리를 지낸 이동휘가 개종하여 기독교 사상을 바탕으로 독립운동을 펼치는데 큰 영향을 끼쳤습니다. 김우제 전도사는 1905년 하와이 농업이민단에 합류하여 농장마다 교회를 세우고 선교 활동을 하였으며, 하와이와 상해에서 독립운동에 힘썼습니다.

세 가지 신앙 #복음적 신앙, #토착적 신앙, #민족적 신앙

순례를 통해서 알게 되는 세 가지 신앙의 모습이 있습니다.[2] 첫 번째는 복음적 신앙입니다. 복음적 신앙은 복음을 받아들인 사람들이 복음을 어떻게 받아들였는가를 살핌으로 알 수 있습니다. 그들에게 복음은 단순히 어떠한 기호가 아닌 생명 그 자체와 같은 것이었습니다. 복음적 신앙은 신앙의 순수함과 진실함을 엿보게 합니다. 홍의교회의 종순일의 결단에서, 교동의 10가정의 초기 신앙에서 이러한 복음적 신앙의 면모를 살필 수 있습니다.

두 번째는 토착적 신앙입니다. 복음은 변화지 않고, 우리들의 삶을 변화시키지만 반대로 복음을 담는 그릇은 얼마든지 변할 수 있습니다. 이것은 문화적인 특징으로 이러한 변화 속에서 기존의 문화와 갈등을 일으키기는 하나 새로운 문화를 창출해 내기도 합니다. 홍의교회의 일자 돌림, 고씨 부인의 장례식, 앞으로 살피게 될 성공회의 강화성당 등에서 이러한 토착화 신앙의 면모를 살필 수 있습니다.

마지막으로 살펴야 할 세 번째 신앙은 민족적 신앙입니다. 복음이 전해질 때에 복음이 민족 가운데 깊이 있게 뿌리를 내리기 위해서는 민족이 처한 상황에 적극적으로 대처하여야 합니다. 민족이 처한 위기를 외면하거나, 타협하는 교회는 민족에게 외면될 수밖에 없습니다. 민족의 위기는 한편으로는 큰 위기가 되지만 다른 한편으로는 교회가 민족교회로 세워짐의 기회

2 『강화 기독교 100년사』, 21-22쪽.

가 될 수 있는 것입니다. 한번 민족교회로 세워질 때에 교회는 어떠한 한 시기만이 아닌 한 민족의 역사에 깊이 있게 자리매김할수 있는 것입니다. 김우제 전도사의 기독교 신앙과 민족의식의 조화를 목회에 적용한 점은 이러한 의미에서 매우 가치 있다고 할 수 있습니다. 복음을 전하였던 선교사들과 초기 신앙인들이 행하였던 계몽운동, 교육운동, 의료활동, 독립운동 등은 이러한 연장에서 평가할 수 있을 것입니다.

새로운 강화의 구심점이 된 강화읍 잠두교회는 교회 개척에도 힘썼습니다. 1903년 3월15일 잠두교인인 윤명운, 윤명삼이 화도 내리에 교회를 개척하고(내리교회), 1904년에 김우제 전도사, 박성일, 허진일 권사 및 유경근의 노력으로 강화 동북 해안 월곳리(연미동)에 교회를 개척하였습니다. 다음해인 1905년에는 김우제 전도사 다음으로 제4대 담임이 된 홍승하 전도사와 김봉일, 최족일 권사가 강화의 남단 월오지에 교회를 개척하였고, 김포 통진(1905), 아차도(1906), 대동묘(1907)에 계속적인 교회 개척이 이어졌습니다.

07

강화 남부선교 1

강화초대교회

강화 남부 선교의 두 줄기

#강화초대교회, #길촌교회, #선두교회, #선두중앙교회, #장흥교회, #초지교회

길상에서 화도로

#동막교회, #강남교회

강화 남부선교 1
강화초대교회

강화 남부 선교의 두 줄기

#강화초대교회, #길촌교회, #선두교회, #선두중앙교회,

#장흥교회, #초지교회

강화 남부 선교는 크게 두 줄기로 나눌 수 있습니다. 길직교회(강화초대
교회)를 통한 길상면에서의 선교와 내리교회를 통한 화도면에서의 선교적
흐름입니다. 마치 사람의 핏줄이 온몸에 펼쳐지듯, 교산에 전해진 복음의
수혈은 마침내 강화의 온몸에 이르게 됩니다. 몸의 왼쪽 다리로 길상면의
복음 전파가 먼저 이루어지는데 홍의교회의 종순일을 통해서 길직교회가
세워짐으로 확산되며, 몸의 오른 다리로 화도면의 복음 전파는 잠두교회(강
화중앙교회)가 직간접적으로 영향을 끼쳐서 잠두교회를 다니던 윤명삼을
통해 세워진 송강리교회(내리교회)를 통해서 확산됩니다.

종순일에 관하여서는 앞서 홍의교회 이야기를 통해서 나누었습니다. 그
러나 종순일에 관한 이야기는 홍의교회를 넘어 조금 더 구체적으로 그의 전
도 사역과 강화 남부지역의 선교에 관하여 살펴야 합니다.[1] 교동 선교가 권
신일과 관련된다면 강화 남부 지역의 선교는 종순일 가족이 길상으로 내려

---

1 이덕주, 조이제, 『강화기독교100년사』(서울: 신앙과지성사, 1994), 198-201쪽.

와 전도한 것에서 비롯되었다고 할 수 있기 때문입니다.

길상면 중심부인 온수리에 자리 잡은 종순일은 인근 마을을 다니며 전도하였는데, 제일 먼저 결실 맺은 곳이 '피뫼'와 '다로지'였습니다.

'피뫼'는 지금의 길직이며, 길직이란 이름 외에 직산으로도 불렸습니다. 길직에서 처음 믿는 사람은 장윤백이었으며 1903년에 그의 집에서 예배를 드림으로 피뫼교회(길직교회)가 창립되었습니다. 이 피뫼교회의 현재 이름은 '강화초대교회'입니다.

강화초대교회의 넓은 주차장 맞은 편에는 강화 3.1운동 역사 기념관이 있습니다. 1919년 3월9일 애국지사 유경근 및 조종환 선생 외 20명이 강화 3.1만세 운동을 최초로 결의한 장소입니다.

길직교회는 길상면 북부와 양도면 동부, 불은면 남부 선교의 또 다른 중심이 되었으며, 길직교회로부터 '방죽말'(길촌;직하), '문고개'(길정), '넙성(城), '덕진'(德鎭)으로 복음이 퍼져나가 1910년 전에 각각 교회가 설립되었습니다.

현재 길촌교회의 창립년도는 1921년도로 기록되었으나 이는 교회 건립과 관련되며, 강화초대교회와 길촌교회는 사택과 기도처의 관계로 있었으므로 1910년 이전으로 볼 수 있습니다.

'피뢰'와 거의 같은 시기에 '다로지'에도 교회가 설립되었습니다. '다로지'는 '월오', '달오지'로도 불리며 지금의 선두리입니다. 1904년 무렵 선두리에 살던 장홍무의 사랑방에서 장홍무, 허주현, 이천남 등이 예배를 드린 것에서 '다로지교회'(선두교회)가 시작되었습니다. 2년 후에는 황유부, 염성오 등의 집 뒤편에 7칸짜리 예배당을 마련하였습니다.

강화에 첫 번째 교회로 교산교회가 세워졌으나 선교적 사명을 홍의교회가 다했던 바와 같이 길상에서는 강화초대교회 이후 중요한 선교적 사명을 선두교회가 담당하였습니다.

길상면에 처음 복음을 전한 종순일이 길상면 중심인 온수리를 제쳐두고 북쪽의 피뫼와 남쪽의 다로지에서 먼저 교회를 시작한 이유는 아마도 종순일이 길상에 온 때가 성공회에서 온수리에 교회와 학교·병원 등을 설립하고 강력한 선교 기지를 구축한 시기였으므로 같은 교회끼리 마찰을 피하고자 했던 것으로 추정됩니다.

이곳 선두에서 다시 복음이 길상면 남부쪽으로 확산되었는데, 1907년에
유일득, 유범용 등에 의해 '산뒤'(산후, 山後)에 교회가 개척되었고 다시 내
려가 장흥리와 감목관에도 교회가 개척되었습니다. 특히 장흥교회는 개성
출신 최길응과 내리에서 시집 온 김나오미에게 전도받은 조성덕, 조준식,
한문규, 권경하, 신리브가 등이 초가집 예배당을 마련하여 세운 교회였으며
이곳에서 다시 해안선을 따라 동쪽으로 옮겨 초지 율곡(栗谷, 밤나무골)에
도 1909년 이전에 교회가 개척되었습니다.

산후교회는 현재의 선두중앙교회입니다. 선두중앙교회는 이전의 예배당을 함께 품고 있습니다.

| 경계에 선 사람들

장흥교회의 나오미와 관련된 이야기는 길상면의 내리교회의 이야기에서 다룹니다.

초지교회 앞에 세워진 종탑은 이 교회의 역사를 함께 보여줍니다.

길상에서 화도로 #동막교회, #강남교회

화도면의 동남단에 있는 '동막'에도 1905년에 교회가 개척되었습니다. 이곳 교회는 '다로지'(선두)교회에 출석하던 주경진이 자기 집 사랑방에서 예배를 드리는 것으로 시작되었습니다.[2] 다시 이곳에서 북으로 '사기리'에(현 강남교회), 서쪽으로 '흥왕'(興旺)에도 교회가 개척되어 화도면의 교세를 크게 높여 놓았습니다. 이로써 강화 선교 개척 20년 만에 본도 10개 면 모든 곳에 교회가 설립되는 성과를 이룩했습니다.

동막교회의 설립은 길상면에서 화도면으로 이어지는 선교의 중요한 의미를 갖습니다.

---

2 〈기독교대한감리회 중부연회총람〉, p. 459.

| 경계에 선 사람들

사기리에 세워진 강남교회는 유명한 관광지인 함허동천 입구에 위치하고 있습니다.
위: 함허동천 입구 / 아래: 강남교회

131

08

강화 남부지역 선교 2

내리교회

화도면 선교의 중심 #내리교회

#장화교회, # 화도시온교회, #문산교회

사경회와 부흥회

마리산 부흥회

강화 남부지역 선교 2
내리교회

화도면 선교의 중심 #내리교회

#장화교회, #화도시온교회, #문산교회

강화 본도 남쪽의 선교는 두 줄기가 있습니다. 하나는 종순일을 통해 길상면으로 이어지는 한 흐름으로 여기에 중심이 되었던 교회가 길직교회, 오늘날의 강화초대교회입니다. 또 다른 하나는 내리교회가 중심이 된 화도면의 선교역사입니다. 앞서 길상면의 선교를 살펴보았다면 이제는 화도면의 선교를 살펴보아야 합니다.

송강리교회 개척자 윤명삼

오늘날 내리교회의 옛 이름은 송강리교회 또는 두곡교회입니다. 내리교회의 역사는 윤명삼으로부터 시작합니다. 윤명삼은 잠두교회를 다니다 1903년 3월15일 자기집 사랑방에서 존스 목사의 방문을 받고 송강리교회의 첫 예배를 드립니다. 윤명삼의 본래 고향은 경기도 화성인데 그의 집안이 대원군과 관련하여 정치적 사건에 연루되어 위기에 처했을 때 할머니 손에 이끌려 인천 앞 팔미도에 옮겨졌고, 할머니마저 돌아가시자 고아가 되었는데,

그곳에서 일하던 강화 목수들에 의해 강화도 화도면 소루지로 옮겨져 양육되었습니다.[1] 교회를 개척할 당시에는 성장하여 배를 3척 부리며 어업에 종사하고 있었습니다.

송강촌 122번지 윤명삼 씨가 살던 기도처 자리. 잠두교회를 다니면서 존스 선교사의 방문을 받고 김양권씨 등과 함께 기도하며 예배드리던 집. 맨 앞 사랑채가 기도처.

내리교회 교인들의 신앙적 열심에 대한 유명한 일화가 바로 여교인 김나오미가 길상면 장흥으로 시집가서 그곳에 교회를 개척하는 과정에 관한 이야기입니다.[2]

화도면 송강리에 사는 김억보씨와 16세된 딸 나오미는 내리교회의 입교

1 이덕주, 조이제, 『강화기독교100년사』, 205쪽.
2 "김씨의 밋음", 〈그리스도회보〉, 1912. 2. 29.

인 입니다. 주일과 삼일 기도회에 한 번도 빠지지 않고 잘 믿는데 그 부친 억보씨가 믿음에 반하여 길상면 장흥에 사는 믿지 않는 가정에 시집을 보냈습니다. 이에 시집에서는 사당 차례를 지내라 하는데 신부 김나오미는

"저는 어려서부터 친정에서 예수를 믿음으로 제사를 지내지 않았습니다. 사도행전 5장29절에 말씀하시기를 사람보다 하나님께 순종하는 것이 마땅하다 하셨으니 저는 사당 차례를 지내지 못하겠습니다."

라 하였습니다. 이에 시부모와 일가 가족이 다 기가 막혀 그만두고 신랑 혼자 사당 차례를 지냅니다. 도리어 김나오미는 오직 성령의 인도하심으로 믿음의 담력을 내여 3일 동안을 시부모와 시동생에게 복음의 진리를 진도하니 성령의 감동됨으로 시집 식구와 일가 가족 중 믿기로 작정한 남녀가 30인에 이르렀고 자기 집에다가 예배당을 정하고 1911년 1월 첫 주일부터 예배를 드리게 됩니다.

송강리교회는 화도면에서 교회 개척의 중심이 되어 1904년 장곶교회를 설립합니다. 현재의 장화교회입니다. 윤희일, 김종립, 김인배 등이 장곶교회를 개척하였는데, 장화리에 살던 김종립과 김인배가 전도받고 소루지의 윤명삼의 집으로 다니며 예배 드리던 중 상방리에 살면서 전도인으로 활동하던 윤희일의 지원을 받아 1904년 5월20일 초가 6칸 예배처를 마련하고

개척됩니다.

이듬해인 1905년 9월20일에는 고창촌에 살던 김양권씨가 윤명삼의 집으로 다니며 예배를 드리다가 고창촌 정주사(정인택)씨댁 사랑방에서 예배를 드림으로 고창교회가 시작됩니다. 고창교회는 현재의 화도시온교회입니다. 사촌간인 김양권, 김성권을 비롯하여 김학권, 김돈권, 김순권, 김진권 등 김씨 집안 형제들과 주성노 등이 창설 당시 교인들이었으며 1908년에 '김씨 동산'에 별도 예배당을 건축하였습니다. 특히 윤명삼과 가까이 지냈던 김양권, 김성권은 강화 유학자 민두현, 오필상에게 한학을 배웠던 학자로 갑오경장 이후 신학문에 관심을 갖고 개화에 앞장서 기독교로 개종한 후 내리 니산학원 설립에 참여하였습니다.

위: 고창교회의 현재. 화도시온교회
아래: 고창교회 개척자 김양권

다시 이듬해인 1906년에는 문산교회가 설립되었습니다. 윤명삼의 형제 윤명운씨가 문산으로 이주하여 윤기동에게 전도하였고, 신자가 16명으로 늘어나자 12월7일에 윤기동씨의 초가 8칸을 차입하여 예배당으로 정하고 12월10일 십자가를 건수하고 교회 창립 예배를 손승용 전도사의 사회로 드림으로 시작되었습니다.

문산교회의 현재의 모습. 앞마당에 투박한 조형물들이 인상적이고, 조금 떨어진 곳에는 옛 예배당을 방문할 수 있습니다

윤기동을 비롯하여 박춘근, 박춘록, 박석조, 함현라, 이기창 등 20명의 신자가 생겨났으며 교회 시작 3개월 만에 교인수가 30명으로 늘어나 1907년 3월에는 교인 헌금과 미 감리회 해외 여선교회 보조로 초가 10칸을 매입하여 독립 예배당으로 사용하였습니다. 그러나 창립 초기 급속한 성장을 보이다가 1907년 8월에 교회는 큰 위기에 처합니다. 바로 정미 의병 때 강화 수비병 토벌대(일본군)가 교회를 핍박하여 교인 대부분이 신앙생활을 포기하게 됩니다. 게다가 교회창립 교인이었던 윤기동씨가 1908년 3월에 서울로 이주하였고, 1910년에는 윤명운 마저 교회를 떠나므로 초기교인들도 대부분 떠났습니다.

그러나 문산교회의 복음의 빛은 꺼지지 않았습니다. 한 사람의 헌신으로 문산교회의 복음의 빛은 꺼지지 않았습니다. 민족적으로 암울했던 시기로 1908년부터 신앙생활을 시작한 박기산씨가 성경을 읽으며 기독교를 연구하던 중 결심하므로 어느 누구도 나오지 않았지만 몇 년 동안 새벽마다 홀로 기도하며 매주일 교회에 출석하므로써 교회의 맥이 이어지게 되었습니다. 그후에 박기산, 박석조, 박춘록, 박기관 등 소수 교인들이 교회를 유지해 나갔습니다.

멸절 위기에 처했던 문산교회가 다시 크게 부흥된 것은 1915년 마니산 부흥회가 열린 직후였습니다. 1915년에 장봉도 옹암교회와 화도면 두곡교회(내리교회)를 중심하여 일어난 부흥운동이 강화 전역으로 확산되며 교회가 크게 부흥할 때 문산교회도 부흥한 것입니다.

사경회와 부흥회

선교 초기에 특별한 종교행사로 사경회와 부흥회가 있었습니다. 처음에는 부흥회보다 사경회가 더 자주 열렸는데 사경회는 한국인 교회 지도자들을 양성하고 훈련시키는데 목적이 있었으므로 그 참석자 또한 처음에는 제한되었습니다. 그러나 점차 일반교인들에게도 개방되면서 낮에는 성경공부로 모이고, 저녁에는 부흥집회를 가지게 되었으며 부흥집회를 통해서 종교적 체험이 일어나면서 점차 사경회보다는 부흥회가 강조되게 됩니다.[3]

1900년대 초에 있었던 강화의 사경회에 대한 모습을 스크랜턴 목사의 환영식에 대해 전하는 강화읍잠두교회 역사를 통해 다음과 같이 살필 수 있습니다.[4]

1907년 정미의병운동이 일어났던 해, 이 무렵 사경회가 성대하게 열렸는데, 요즈음의 부흥사경회입니다. 문맹자들이 대부분이었던 터라 사경회는 그야말로 성경공부에 앞서 글을 깨우칠 수 있는 기회였습니다. 잠두교회는 1900년 교회 설립 이래 매년 사경회를 열어왔지만, 이해 4월6일에 열렸

---

3 이덕주, 조이제, 『강화기독교100년사』, 269쪽.
4 강화읍잠두교회역사, 80-81쪽.

던 사경회는 지금까지 개최된 어떤 것 보다 규모가 크고 열기도 대단하였습니다. 이 사경회를 위해서 서울에서 스크랜턴 장로사를 비롯한 존스(G.H. Jones), 데밍(C.S. Deming), 노병선 등 저명한 강사진이 내려왔습니다. 이때 320명의 잠두교회를 비롯한 강화 교인들은 갑곶나루까지 나가 이들을 환영하였는데, 이 환영을 위해 특별히 '환영가'를 지어 불렀습니다.

사랑하는 예수께셔 우리 장로 보내셧네
기다리고 원하더니 오날과연 샹봉하네
(후렴)오셧고나 오셧고나 우리장로 오셧고나
기다리고 바라더니 오날과연 오셧고나

천부께 도와주샤 평안하게 오셧스니
반갑고도 깃분졍이 한량업시 즐겁고나
우리크게 사랑하샤 대한형제 가라치니
복음진리 순죵하야 우리형제 영생하네

밋을신자 강령되고 사랑애자 교칠일셰
환영하셰 환영하셰 우리장로 환영하셰
사랑하셰 사랑하셰 영원토록 사랑하셰
찬송하셰 찬송하셰 영원무궁 찬송하셰

교인들은 선교사 일행을 맞아 환영가를 부르며 갑곶에서부터 성안 잠두 예배당까지 행진을 벌였습니다. 스크랜턴은 이날의 여행기록을 다음과 같이 남겼습니다.

"공적인 출입 허가는 아직 받지 못한 상태지만 우리가 [1907년] 4월6일 아침, 타고 갔던 삼판[작은 나룻배]에서 내리는 순간, 눈앞에 적대적인 사람들은 전혀 없었고 2백 명이 넘는 학생들이 교복을 입고 군대식으로 도열해서 우리를 위해 지었다는 찬송을 부르며 환영하였는데, 그 진지함과 열정이 대단했습니다. 열병식을 마친 우리는 학생들의 호위를 받으며 읍내까지 3마일을 행진하였습니다. 우리가 가는 도중 다른 섬에 있는 학교 생도까지 합류하여 읍내로 들어갈 때는 남녀노소 4백 명에 도달했는데 도열하여 들어가는 모습이 마치 성을 점령한 군대 같았습니다. 바로 기뻐하며 행진하는 그리스도의 군대였습니다."

그날 환영을 받았던 선교사들 가운데, 바로 15년 전 갑곶을 거쳐 읍내로 들어가려다가 강화 유수에게 거부당하고 쫓겨났던 존스도 포함되어 있었습니다. 존스는 그날의 감격을 이렇게 묘사하였습니다.

"15년이 지난 후, 그 선교사는 강화 교회들을 방문하려고 다시 갑곶에 내렸다. 그는 해안에서부터 2백 명이 넘는 한국인 사내와 소년들이 모여 부르는 환영가를 들었다. 그가 처음 왔을 때 홀로 외롭게 걸었던 그 길을 이번에는 무리에 둘러 싸여 걸어갔다. 성문에 다다르니 1백 명이 넘는 부인들과 소녀들이 기다리고 있었다. 그는 3백 명이 줄을 지어 선 사이로 걸어갔다. 15년 전에 쫓겨났던 바로 그 문으로 다음날, 주일이 되어 2백 명이 넘는 주민들이 시장에 모여 복음 전하는 것을 들었는데, 강화읍에는 그만한 인원을 수용할 집이 아직 없었기 때문이었다. 예배가 끝날 무렵, 130명이 세례 받고 기독교 신앙을 갖게 되었다. 오늘(1910년)에 이르러 강화에는 60개가 넘는 교회가 설립되었으며 4천 명 가까운 교인들이 주 예수 그리스도를 믿고 있다."[5]

이 글은 3년 후 존스가 회고하는 글입니다. 존스가 인천 지역 책임자로 스크랜턴 등 강사진을 안내하고 오는 광경입니다. 15년 전 남문으로 들어오려다가 실패했던 존스로서는 실로 감개무량한 일이었습니다. 입성을 반대하는 '거부 통지서' 대신 강화읍 잠두교회 교인들의 '환영가' 소리를 들으면서 입성하는 행렬이 마치 예수님이 예루살렘 성에 입성할 때 '호산나 하며 환영하였던 모습과 흡사하였습니다.

---

5 G.H. Jones, "The Korea Mission of the Methodist Episcopal Church", 32-33쪽.

마리산 부흥회

강화의 대표적인 부흥회로 마리산 부흥회가 있습니다. 마리산 부흥회는 복음적 신앙, 토착화 신앙, 민족적 신앙과 더불어 살펴볼 수 있는 또 다른 신앙의 모습으로 신비적 신앙을 보여줍니다. 다른 신비적 신앙과 차이를 가진다면 개인의 체험만이 아닌 공동체를 넘어 민족과 결부됩니다. 마리산 부흥회는 참성단에 올라 기도하는 것으로 끝이 나기 때문입니다.

일제 강점기는 물론이고 50년대까지 강화교인들은 마리산 부흥회라는 특이한 형태의 부흥집회를 열었습니다. 이 부흥회가 처음 시작된 곳은 강화 본도에서 30리 떨어진 장봉도 옹암교회 교인들이 새벽기도를 하다가 이것이 차츰 1주일간 또는 2주일간 정기적인 부흥회로 발전 되었으며 마지막 날에는 반드시 강화 본도에 있는 마니산 참성단에 올라가 기도를 드렸습니다. 그래서 초대교인들은 이 부흥회를 마리산 부흥회로 부르게 되었습니다.[6]

이 부흥회가 시작되던 장봉도 옹암(독바위)교회는 1906년 설립되었는데 이 지역 유지였던 이제술이 강화 본도 두곡교회(강화 내리교회)교인 윤명삼, 김광찬, 김인규 등의 전도를 받고 교인이 되어 두곡교회를 다니다가 자기집 사랑방에서 교회를 시작한 것입니다 그는 1907년 이동휘가 자기 마을에 와서 교회와 학교 설립을 촉구하는 강연을 듣고 결심하여 자기 밭에다 예배당을 지었으며 학교(강습소)도 세웠습니다.

6 전택부, 『토박이 신앙산맥』, 3, 56쪽.

장봉도에는 또 다른 교회가 있었는데 섬 서쪽 끝에 있는 진촌교회입니다. 이 교회도 1909년 이전에 설립되어 동쪽에 있는 옹암에 뒤지지 않는 교세가 확장되었는데 바로 이러한 장봉도 옹암, 진촌교회에서 집회가 시작되어 모교회인 내리교회로 이어시고 여기에 강화의 여러 교회들이 합류하여 민족의 성산으로 여겨지는 마리산 참성단 부흥회로 연결되었던 것입니다.

장봉에서 시작되었다고 하여 장봉기도회라 부르기도 하는 마니산 부흥회가 언제 시작되었는지 분명치 않으나 1910년대 초반에 이미 시작되어 1915년에 정식으로 마리산 부흥회가 매년 열리게 되었습니다.

이와 같은 마리산 부흥회의 신학적 의미에 관하여 강화 기독교 100년사에서는 다음과 같이 정리하였습니다.

첫째, 이 부흥회는 한 교회 혹은 지역 부흥회로 끝나지 않고 여러 교회가 연합하거나, 여러 교회를 순방하며 여는 부흥회로 정착하였습니다. 1915년의 경우 장봉도 옹암교회에서 시작하여, 화도면 내리교회와 마리산 부흥회로 연결되었고 다시 장봉도 진촌교회에서 부흥회를 하는 것으로 매듭지어졌는데, 이러한 순서로 강화 교인들이 매년 봄이면 장봉도에 모여 부흥회를 시작하였던 것입니다. 그러한 점에서 장봉도는 비록 강화 구역은 아니지만 마리산 부흥회의 시발점이자 부흥회의 근원이 되었던 것입니다.

둘째, 마리산 부흥회는 철저하게 평신도 중심으로 추진되었습니다. 김광국·종순일·윤희일 등 연회에서 파송받은 전도사들이 있었으나 부흥회는 정윤화 · 김순서 · 김경직 · 장동운 · 염순일 등 속장과 유봉진 · 조종렬·황유부 등 본처 전도사에 의해 추진 · 전개되었던 것입니다. 옹암교회의 부흥회도 김순서 · 염순일 · 이양기 · 이양운 · 이원선 · 장동식 · 염현수 등 교인들의 새벽기도회에서 발원되었으며, 옹암 교인들의 새벽기도회도 내리(두곡)의 정윤화, 홍천의 전병규 등 평신도들의 권유에 따라 시작된 것이었습니다.

셋째, 마리산 부흥회가 성공적으로 전개될 수 있었던 것은 무엇보다 부흥회 인도자들의 '영적 지도력' 때문이었습니다. 집회 때마다 방언과 신유, 통회자복과 갱신 역사가 일어났습니다.

넷째, 마리산 부흥회는 성경에 기록된 말씀을 그대로 실천하는 신앙적 체험을 강조하고 있습니다. 이미 강화 교인들은 초기부터 성경 말씀을 '문자적으로' (literally) 받아들여 모방하는 신앙 유형을 보여 왔습니다. 이러한 신앙이 마리산 부흥회에서도 그대로 나타났습니다.

다섯째, 마리산 부흥회는 민족주의 신앙을 바탕에 깔고 있었습니다. 이 부흥회는 민족의 성산(聖山)으로 여겨지는 마리산 참성단에서 기도회를 갖는 것에서 절정을 이룹니다. 옹암에서 두곡으로 바다를 건너오는 과정은 이스라엘의 출애굽 여정으로 해석되었으며, 두곡에서 마리산으로 오르는 과정은 세례 요한과 그리스도의 생애로 해석되었고, 마리산 참성단에서 '주'가 십자가에 못 박히는 형상을 보이는 것으로 마리산 부흥회가 끝났습니다. 이는 성경의 해방과 구원의 역사를 강화에서 그대로 재현한 것입니다.

시대적 상황이 일제 강점기였기에 노골적으로 '독립'이나 '민족'을 말할수는 없었으나, 민족의 국조 신앙의 근원지인 참성단에 올라 기도하는 교인들의 의식 속에 '민족'이 포함됨은 쉽게 짐작할 수 있습니다. 이러한 민족의식이 마리산 부흥회에 참석하여 참성단에 오를 때 일정 때에 일본 사람들이 파괴한 단을 재건하기 위해 교인들이 돌을 이고 오르는 모습으로 나타난 것입니다.

그리고 마리산 부흥회가 민족주의 의식과 연결되는 결정적인 증거는, 마리산 부흥회를 이끌었던 지도자들이 민족의식이 투철하였고 3.1운동 때 강화 만세시위를 주도한 민족운동가로 활약했다는 사실입니다.

이같은 신앙 신학적 의미를 지닌 마리산 부흥회는 강화교인들의 주체적신앙 집회로 꾸준히 계속되어 내리교회의 정윤화 이후 문산교회의 박기천 박희은 박명용 박인진 흥천교회의 고기연 온수교회의 장흥완 등에 의해 그

맥이 이어져 왔고 해방 후에는 온수교회의 유경실 장로에 의해 1960년대 초까지 지속되었습니다. 그리고 이러한 강화 교인들의 마리산 부흥회 신앙은 마리산 기도원 설립으로(1968년) 연결되었습니다.

09

천국의 섬 주문도

서도중앙교회

주문도의 세례 요한 #윤정일

주문도의 베드로 #김근영

천국의 섬 주문도
서도중앙교회

주문도의 세례 요한 #윤정일[1]

강화도 서쪽의 세 개의 면은 교동면과 삼산면과 서도면입니다. 교동면은 가장 북쪽이며, 그 아래에 있는 것이 삼산이며 세 개의 면 중에서도 가장 서쪽에 위치한 곳이 바로 서도면입니다. 서도면에는 여러 섬들이 있는데 대표적인 섬들이 주문, 아차, 볼음, 말도이며 그중에서도 가장 선교의 중심이 된 섬은 주문도입니다.

출처: 강화군청

1 『기독교사상』, 1997년 12월호, 259-269쪽.

강화 순례에 있어서 가장 가기 힘든 곳이 바로 주문도입니다. 다른 섬인 교동이나 석모도 또한 섬에서 섬으로 향하지만 현재는 대교가 있어 오가는 것이 그리 어렵지 않습니다. 그러나 주문도는 여전히 배를 타고 가야 하기에 더욱 멀게 느껴집니다. 현재 주문도를 들어가기 위해서는 강화 선수항에서 배를 탑니다. 강화도의 선수항에서 출항하여 주문도에 입항하는 곳은 두 곳으로 위쪽의 누리항까지는 볼음도와 아차도를 경유하여 1시간20분이 걸리며, 주문도 아래쪽의 살곶이항으로는 직행으로 35분 정도 걸립니다.

주문도는 '진촌', '서도'로도 불립니다. 이름에서 알 수 있듯이, 조선시대 서해안을 지키던 해상 방어진이 있었던 곳입니다. 이곳에 복음이 들어온 것은 강화 선교에 있어, 매우 이른 시기로 1893년 무렵입니다. 강화읍에 복음이 전하여지기 전에 먼저 변두리, 서북 지역에 복음의 씨앗이 떨어졌고, 교동(1899년)에 복음이 전하여지기 전에 송가(1898년)에 먼저 복음이 전하여졌으며, 송가에 교회가 세워지기 전에(1902년) 먼저 매음(1899년)에 교회가 세워졌듯이 가장 외진 곳인 주문에 복음이 전하여진 것은 뜻밖에도 강화에 복음이 전하여진 때로 1893년 때까지 거슬러 올라갑니다.

이는 강화의 갑곶에 집 한 채를 마련하여 선교를 시작하였던 성공회의 워너 신부의 주문도 방문을 복음 전파로 삼은 것입니다. 때는 1893년 5월경이며, 성공회 워너 신부와 다른 익명의 외국인 한 분의 주문도 탐방이 있었으며 이때에 워너와 동행하였던 윤정일은 처음에는 성공회 교인이며 워너의 통역을 맡았는데 이 윤정일에 의해서 주문도에는 1902년에 교회가 설립되었습니다.

처음에는 성공회 교인이었으나 감리교로 교적을 옮긴 윤정일은 삼산의 매음에 1899년에 교회를 세우고 더 나아가 1902년 5월에 주문도에 들어가 열심히 전도하였습니다. 해마다 6월이면 주문도 응개지 나루는 만선이 된 고깃배로 고기를 사고파는 상인들뿐만 아니라 이들을 노리는 도둑들과 술집 여인들로 가득하였습니다. 윤정일은 세례 요한이 되어 죄악이 관영한 그곳에서 회개하라 천국이 가까이 왔느니라는 복음을 선포하였고 이에 대한 대가는 미친 사람 취급이었습니다. 윤정일의 이름만 보아도 그가 일자 놀림이라는 것을 알 수 있으며, 자신이 통역관으로 들어왔던 주문도에 10년이 지난 후에 다시 온 것은 복음을 전하기 위한 분명한 목적이 있었습니다.

주문도의 베드로 #김근영

비록 대부분의 사람들이 그를 미친 사람으로 취급하였지만, 여름 한철 열심히 전도한 결과 주문 사람 김근영을 교인으로 얻습니다. 본래 천주교 신앙을 가지고 있었던 김근영은 윤정일의 전도를 받고 개신교 신앙을 갖게 됩니다. 윤정일은 세례 요한이 되었고, 뱃일을 하던 김근영은 갈릴리 어부로 복음을 받은 베드로였습니다. 그는 1902년 9월9일에 자기 집 신주와 사당을 불살랐고 교동에서 내려온 권신일 전도사에게 학습 예식을 받았습니다. 실제적인 주문교회의 설립은 바로 이 때로부터 시작합니다.

그러나 그 시작 또한 쉽지 않았습니다. 곧 김근영이 사당을 부수어 버리고 신주를 불사른 직후 나이 든 어머니가 갑자기 열병에 걸리자 동네 사람들은 예수를 믿어 조상귀신이 해코지한 것으로 여겼습니다. 하지만 윤정일, 권신일과 여러 전도자들과 함께 기도하여 어머니의 병이 낫게 되었을 뿐만 아니라 윤정일의 지원으로 '양약'을 팔며 그 생활도 점점 나아졌습니다. 계속되는 핍박은 있었지만 그 마음은 더 강하고 굳게 되어서 더욱 열심히 전도를 하였습니다.

마침내 1904년에는 김근영의 가문이 믿기 시작했으며 망도로 전도 가던 서중신이 주문에 전도함으로 그 교인수는 더욱 늘어났습니다. 김근영은 1905년 2월에 영생학교를 세웠는데 그는 학교를 중심으로 친일세력인 일

진회를 규탄하며 국권회복을 강조함으로 주문 주민들의 호응을 받기 시작하였으며, 이와 같은 김근영의 민족주의적인 신앙은 주문의 영향력이 있는 양반인 박승형 일가의 개종으로 이어지게 됩니다. 그때 주문도를 호령하던 '밀양 박씨 충헌공파' 집안의 박승형의 두 아들 빅두병과 박순병은 주문교회의 중추적인 역할을 감당하였습니다.

5대째 교회를 지킨 박상인 장로는 다음과 같이 증언하였습니다.

"승형 할아버님이 주문도에 들어오신 때와 이유는 잘 모릅니다. 다만 어른들 말씀으로는 승형, 승태 할아버님은 본래 경기도 이천에 사시던 분들이었는데 어떤 사정으로 고향을 떠날 수밖에 없어 김포 누산리를 거쳐 강화 본도에 들어오셨다가 다시 어유정도를 거쳐 이곳 주문도까지 오셨다고 합니다. 추측컨대 고향에서 어떤 정치적인 사건에 연루되어 가솔들을 이끌고 이곳에 몸을 숨기신 것 같아요. 섬으로 들어오셔서는 배 사업에 손을 대셨고 오래지 않아 많은 재물을 모으셨지요"

"집안 어른이신 승형 할아버님께서 개종을 결단하시니까 다른 식구들도 두말없이 따라 나왔고 동네 사람들도 눈치를 보며 따라 나오기 시작했답니다. 어린 아이들은 무조건 영생학교에 나가야 했고, 주일이 되어 교회에 나오지 않는 사람들은 할아버님께 호통을 들었다고 합니다.

경계에 선 사람들

그러니 처음엔 동네 사람들이 울며 겨자 먹기식으로 나왔겠죠"

김근영의 외로운 신앙의 투쟁은 이렇게 결실을 맺어 나간 것입니다.

주문교회, 오늘날 서도중앙교회(주문교회)의 특별함은 현대식의 건물만
이 아닌 1923년에 건축된 한옥 예배당이 남아 있는 것입니다. 주문도에 직
접 와서 보기 전에 주문교회는 성공회가 바뀌었다는 일설이 있었는데, 이는
아마도 성공회 워너의 첫 방문과 더불어 성공회의 강화 성당과 온수리 성당
과 같은 한옥 예배당으로 생겨난 듯합니다. 그러나 첫째, 윤정일이 워너와
함께 주문도에 전도를 목적으로 온 가능성이 크지 않으며 둘째, 실제적으
로 전도의 열매가 없었으며 셋째, 주문교회의 시작인 윤정일이 감리교인이
되어 주문도에 들어오면서부터 임을 감안할 때에 주문도의 교회가 성공회
가 감리교회가 되었다는 말은 사실이 아닌 것으로 여겨집니다. 다만 궁금한
것은 앞으로 살펴보게 될 성공회 역사에 있어서 성공회의 트롤로프가 지은
강화 성당과 이후 힐러리가 지은 온수리 성당과 같이 유사한 한옥 예배당을
어떻게 감리교회가 세우게 되었는가 하는 점입니다.

이 예배당은 주문도 교인들이 한 사람당 1원씩 헌금하여 7천원을 마련하
고 삼산 목수 이경재를 데려다 지은 건물로 정면 5칸, 측면 7칸 도합 28칸
이 되는 전통 한옥 형태입니다. 이 예배당이 성공회 예배당과 다른 점은 주
문교회에는 강화성당과 온수리 성당에 있는 외삼문이 없으며, 종탑을 별개

건물로 세운 온수리 성당과 달리, 예배당 건물에 종탑을 입구 쪽에 붙여 놓은 점입니다. 종탑 지붕은 축소된 솟을지붕 형태며, 본당 뒤쪽 지붕은 팔작지붕입니다. 한옥 형태의 건물에 대한 이야기는 앞으로 나올 성공회 이야기 중에 강화 성당과 온수리 성당에서 자세히 살펴볼 수 있도록 하겠습니다.

지금 서도중앙교회에는 현대식 건물과 한옥 예배당이 위아래로 함께 하고 있습니다. 보통 새 건물을 지을 때에 옛 건물을 허는 것이 보통인데 이는 '박씨' 집안에서 교회에 넉넉한 토지를 기증한 덕입니다.

살곶이 선창장에서 도보로 만나는 첫 번째 마을에서 서도중앙교회를 찾는 일은 어렵지 않습니다. 1923년에 세워진 건물과 새로 건립된 건물이 위 아래로 나란히 자리잡고 있습니다.

"교회 역사책을 보면 1921년에 어른들이 '십일조회'라는 것을 조직했다는 내용이 나오는데, 그때 저희 순병 할아버님 같은 분은 소득의 십일조뿐 아니라 재산의 십일조를 드리셨다고 합니다. 그래서 당신 재산의 십 분의 일에 해당하는 땅을 교회에 바친 것이지요. 지금 예배드리는 교회 터도 그렇게 바친 것입니다."

주문교회에서 기억해야 할 아름다운 이야기가 있습니다. 윤정일, 김근영과 박승형 일가에 이어 주문교회에 영향을 깊이 끼친 사람은 종순일입니다. 홍의교회의 일자 돌림 신앙인의 한 사람으로 이미 홍의교회에 관련된 이야기에서 깊이 있는 영향력을 끼친 종순일은 이후에 강화 남부의 길상면을 중심으로 선교 활동을 하고 이후에는 이곳 주문도에서 목회를 할 때의 일입니다.

주문교회(진촌교회)에 박두병 · 박순병 형제와 같은 집안사람으로 아버지가 박두병에게 2천 원(현 시가로 1억 원 정도) 빚을 진 채 별세하여 그 빚을 고스란히 유산으로 물려받은 가난한 교인 하나가 있었습니다. 그는 아버지 빚을 갚기 위해 8년 동안 쓸 것을 쓰지 않고, 먹을 것을 먹지 않고 절약하여 16원을 모았으니, 그런 식으로 하면 평생 가도 갚을 수 없을 것은 분명하였습니다. 그래서 고민하던 그는 어느 날 담임 목사 종순일과 박두병 · 박순병을 비롯한 박씨 문중 교인들을 집으로 초청하여 다음과 같이 호소하였습니다.

"여러 어르신, 아버님께서 지신 빚을 갚기 위해 8년 동안 애써 모았으나 16원밖에 모으지 못했습니다. 이런 식이라면 제가 죽기 전에 빚을 다 갚지 못하게 될뿐더러 빚 때문에 도무지 제 맘이 편치 못하여 기도도 할 수 없으니 어찌하면 좋습니까? 여러 어르신의 처분을 따르겠습니다."

한동안 침묵이 흐를 수밖에 없었는데, 침묵을 깬 것은 종순일 목사였습니다. 그는 성경을 펴서 마태복음 18장 20절 이하 말씀을 읽고 나서 '두 세 사람이 마음을 합하여 기도하면 하나님께서 응답하실 것'과 '1만 달란트 빚 탕감받고도 1백 데나리온 빚을 탕감해 주지 않은 신하가 받은 형벌'에 대해 설명해 주었습니다.

그리고 다시 한동안 침묵이 흐르면서 서로 눈치만 보고 있을 때, 이번엔 동생 박순병이 침묵을 깨고 입을 열었습니다.

"형님, 오늘 우리가 이런 자리에서 이렇게 대화하는 것 자체가 하나님의 인도하심 아닐까요? 형님은 그 돈을 받지 않아도 사는데 지장이 없기에 하는 말입니다. 받아야겠다는 형님의 욕심과 갚아야 된다는 저 사람의 부담이 서로 충돌하니 어찌 합심하여 선을 이룰 수 있겠습니까? 무엇이 하나님이 기뻐하시는 일인지 형님께서 결단하셔야겠습니다."

잠시 후 박두병이 무릎을 치면서 기꺼이 입을 열었습니다.
"까짓것 그럼세. 그렇게 하지 뭐. 자네 부친이 내게 진 빚은 아니 갚아도 되네. 내 탕감해 줌세."

그러자 박순병이 다시 이어받았습니다.

"형님이 2천 원의 빚을 탕감해 주었으니, 나도 저 사람 부친이 내게 진 빚 60원을 어찌 받겠소? 나도 그 빚을 탕감해 주렵니다."

그러니 아버지 빚을 물려받았던 가난한 교인뿐만 아니라, 그 자리에 있던 모든 마을 사람들 역시 감동을 받게 되었습니다. 이 사건을 계기로 주문도 섬사람들이 교회를 보는 눈이 달라졌습니다.

초대 홍의인 종순일, 그는 17년 전 고향인 홍의마을에서 했던 것과 똑같은 복음의 실천을 이제 목회자가 되어 주문도에서 재현하였던 것입니다. 그때는 말씀에 감동을 받아 직접 빚 탕감의 실천자가 되었던 그가, 이번엔 같은 내용의 빚 탕감을 목회자가 되어 교회의 중직에게 실천케 하였던 것입니다. 초대 홍의인의 그 정체성의 실체를 장소만 바꾸어서 그대로 재현한 것이었습니다.

은혜는 은혜를 낳는 법입니다. 그는 1926년 목회 일선에서 은퇴한 후 주문도에서 조용한 말년을 보내다 별세하였습니다. 부요한 양반 집에서 태어났으나 예수를 믿으면서 이름을 바꾸고, 마을 빚을 탕감해 주고, 재산을 가난한 자들에게 나누어 주고, 가난한 전도자가 되어 '땅 끝을 찾아 복음을 전하는데 일생을 바친 종순일, 그는 많은 사람을 옳은 대로 돌아오게 한자는 별과 같이 나리라는 다니엘서의 말씀처럼 영원히 별빛처럼 빛나는 인물이며, 복음의 끈을 홍의로부터 시작하여 길상과 이 섬의 끝이 되는 주문까지 이어준 인물입니다.

박두병, 박순병의 탕감이 있은지 오래지 않아 당시 섬 주민 181호 가운데 134호가 교회에 나오게 되었으니 전 주민의 75%가 교인이 되는 놀라운 결과를 얻게 됩니다. 지금도 면소재지인 주문도가 술집과 다방이 없는 성역(聖域)으로 남게 된 데는 이러한 감동적인 복음 역사가 크게 작용하였던 것입니다. 타종교가 없으며, 대부분의 사람들이 다 교회에 출석하고 있는 주문도는 천국의 섬이라고 하여도 손색이 없습니다.

다른 지역에서와 같이 주문에서도 주문교회는 하나의 교회로 머문 것이 아니라 다른 지역에 교회를 개척하여 '눌리'와 '대변창'에 교회를 설립하였습니다. 이로써 주문도에는 주문교회와 눌리, 대변창교회가 있었고, 주문도의 형제 섬들이라고 할 수 있는 볼음도, 말도, 아차도에도 각각 교회가 설립됩니다. 볼음도에는 2개의 교회가 개척되었는데 윤정일의 전도를 받은 유봉래가 1902년에 교회를 설립하였고, 이후 내동에도 교회가 개척되었으며, 말도에는 노순좌가 1909년 이전에 교회를 개척하였으며, 아차도에는 1906년 강화읍 잠두교회에 다니던 김시영이 이곳으로 이주해오면서 교회가 개척되었습니다.

위: 볼음교회 / 아래: 아차도교회

10

성공회의 강화 선교 이야기

성공회의 강화 선교 이야기

성공회와 총제영학당

초기 강화의 기독교 역사는 크게 성공회의 역사와 감리교의 역사입니다. 두 선교 역사가 함께 합니다. 그러므로 감리교의 역사만을 살펴본다면 이는 한 면만 보았을 뿐입니다. 온전히 보기 위해서는 감리교 선교 역사와 성공회의 선교 역사를 함께 살펴보아야 합니다.

앞선 강화의 예루살렘 교회 교산교회, 강화의 안디옥 교회인 홍의교회, 이외의 고부교회, 교동교회, 삼산의 교회들, 강화중앙교회, 강화초대교회, 내리교회, 서도중앙교회까지의 모든 이야기는 감리교 중심적인 이야기입니다. 그러므로 이번에는 성공회의 강화 선교 이야기를 따로 나누고자 합니다. 성공회 선교의 이야기는 여러가지 면에서 감리교 선교와 차별되며 여러 부족한 교훈을 채워 줄 것입니다.

감리교와 성공회의 강화도 선교는 거의 같은 시기로 1893년에 시작되었다고 볼 수 있습니다. 여러 면으로 강화 선교에 있어서 1893년은 매우 의미 있는 해입니다.

강화는 프랑스와 미국과의 전쟁인 병인양요(1866)와 신미양요(1871)의 두 번의 전쟁을 통해서 외국인에 대한 적대적인 감정을 가지고 있었고, 미국 선교사인 존스의 입성도 거부하였습니다. 이에 감리교의 전파는 강화의 중심부가 아닌 변두리부터 시작하였고, 토착민, 하층민으로부터 시작하여 점점 그 대상과 지역을 확대하게 됩니다.

그러나 성공회는 이러한 거부감 없이 강화 중심부부터 자리 잡을 수 있었습니다. 여기에서부터 감리교와 성공회의 선교는 다릅니다. 영국은 앞선 두 번의 전쟁과 직접적인 관련이 없으며, 더 나아가 고종에 의해서 오늘날 해군사관학교에 해당되는 총제영학당이 1893년에 강화에 신설되었으며 고종은 영국의 도움을 받아 이 해군사관학교를 운영하고자 하였습니다.

총제영은 해군의 이름이며, 총제영학당은 한국 최초 근대식 해군교육기관입니다. 실제적으로 영국 해군의 콜월(William Callwell) 대위와 커티스(John Curtis) 하사관을 교관으로 초빙하였으며 당시의 상류층 자제 50여 명을 사관생도로 선발해 양성하였습니다. 성공회의 주교인 코프 주교 또한 해군 출신이라는 점, 성공회가 영국의 국교인 점 등은 감리교에 비해서 성공회는 여러 가지 면에 있어서 우위 가운데 강화 선교를 시작할 수 있었습니다. 계속된 외세의 침략에 대해서 강화도를 중심으로 해서 해군력 강화에 대한 소식은 강화 주민들에게 큰 기쁨의 소식이었습니다. 그러나 총제영학당은 청일전쟁(1894)에서 승리한 일본의 반대로 신설 이듬해인 1894년에 폐교됩니다.

비록 총제영학당이 폐교되고, 초빙된 콜월과 커티스의 봉급조차 나라가 지불하지 못하였으나 성공회는 이들의 생활비를 보조해 주었고 그들이 떠난 뒤에 1896년에는 교관의 약 3천평의 관사를 매우 싼 가격에 성공회가 매입하게 됩니다. 성공회는 이 매입으로 이전에는 성읍 밖 갑곶진에 자리를 잡았으나 강화 읍내로 옮기게 되었으며, 해군사관학교의 폐교에도 불구하고 성공회에 대한 호감은 계속 이어지게 되었습니다.

총제영학당 건물 모습

총제영학당 훈련모습(1894)

| 경계에 선 사람들

교관 콜월과 커티스가 사용하던 관사(1894)

한국의 아이오나 강화

성공회 강화 선교 이야기는 성공회의 한국 선교 이야기로부터 시작하여야 합니다. 성공회의 한국 선교에 있어서 강화는 단순한 하나의 선교지가 아닙니다. 영국 성공회의 신앙 근저에는 캘틱 신앙이 있으며 이 신앙은 아이오나 섬을 거점으로 형성되었습니다. 아이오나는 스코틀랜드 서안의 섬으로 본래 유배지였으나 콜롬바에 의해 수도원으로 개척되었고, 스코틀랜드와 아일랜드 선교의 거점이 된 곳입니다. 이제 영국 성공회는 한국 선교를 시작하며 그 거점으로 삼은 곳이 바로 이 강화이며, 한국의 아이오나가 되기를 바랐던 것입니다. 따라서 영국 성공회에 있어 강화는 특별한 의미를 가질 수밖에 없는 것입니다. 1910년 이전에 성공회 교회의 약 30%가 강화에 집중되어 있었고 신도들은 약 70%에 이르렀습니다. 이러한 사실은 왜 성공회에서 강화를 못자리 교회라고 하는지 그 이유를 설명해 줍니다.

성공회 선교 역사는 사실 한국 선교에 있어서도 제대로 평가를 받지 못하고 있습니다. 성공회 선교는 다른 개신교보다 빠르다고 볼 수 있습니다. 1885년 언더우드와 아펜젤러가 선교사로서 함께 이 땅을 밟기 전에 이미 1880년대부터 시작되었습니다. 이러한 선점의 기회가 있었음에도 불구하고 선교의 결실이 미미한 이유는 다른 개신교들이 교파주의에 의해서 적극적으로 선교에 임하였으나 성공회는 영국 국교로서 상대적으로 선교에 소극적이었으며 초기 성공회의 해외 선교는 현지민들에게 복음을 전하려는 목적보다는 현지에 나가 있는 영국인들에게 교회법에 따른 성사를 베풀어주는 것이 주된 목적이었기 때문입니다.[2]

성공회의 소극적인 해외 선교 가운데에도 변화가 있었습니다. 곧 해외 선교를 위한 18세기 초기와 말기에 설립된 성공회의 두 단체로, 초기에 세워진 SPG와 후기에 세워진 CMS입니다. 효과적인 선교활동을 위하여 본격적인 해외선교기구의 창설의 필요에 의해 브레이의 주도하에 1701년 6월 27일에 창설된 해외복음전도협회(The Society for the Propagation of the Gospel in Foreign Part: SPG)와 복음주의자들이 중심이 되어 1799년에 성립된 교회선교회(Church Mission Society: CMS)입니다.

먼저 SPG와 관련해서는, 한국에 성공회 설립을 강력히 주장했던 초대 북중국 주교 스코트(Charles Perry Scott)는 중국 산둥반도에 파송된 SPG 선

2 이재정, 『대한성공회 백년사』(서울: 대한성공회출판부, 1990), 24쪽.

| 경계에 선 사람들

교사이며, 쇼(A.C. Shaw)는 1873년 일본에 첫 선교사로 파송된 SPG 선교사입니다. 쇼는 1880년 일본인 전도사 한 명을 한국에 파송하여 한국어 공부를 시켰으며, 그의 생활비는 동경교회 교인들이 부담하도록 하였고, 계속적으로 SPG에 한국 선교를 담당할 주교와 성직자 파송을 요청하였습니다.

CMS와 관련해서는, 중국의 복주에서 CMS 책임자였던 울프(J.R. Wolfe)가 우연히 한국 선교를 떠나는 알렌을 나가사끼에서 만나 함께 한국을 방문하였습니다. 짧은 여정이었지만 한국의 기독교 선교의 필요성을 깨닫고 비록 CMS나 SPG, 영국 성공회 선교부조차 한국 선교에 대한 관심이 없었을 때에 울프는 복주의 기독교인들과 호주의 친구들로부터 선교지원금을 받아 두 명의 중국인 전도사를 대동하고 1885년 11월 부산으로 떠나 그 곳을 근거지로 선교활동을 벌였습니다. 그러나 이후 울프가 1887년에 두 번째 선교 여행을 올 때까지 아무런 기록이 없고 이 전도사들은 이후 한국의 초대 주교가 된 코프와 합류하지 못한 점 등으로 보아 성공적이지 못한 것으로 여겨집니다. 울프는 2차 선교 여행 후에 호주에 선교사 파송을 요청하는 호소문을 보내고 이 호소문은 마카트니(H.B. Macartney) 목사에 의해 빅토리아 주의 선교 신문에 발표되는데, 그 결과 이것이 데이비스(Henry Davies) 목사가 호주 최초의 한국 선교사로 자원하였고, 호주 장로교 선교부 설립의 계기가 되었습니다.

쇼와 관련된 1880년 전도사 파송, 울프의 1885년, 1887년의 두 번째 전도여행 외에 1887년 스코트 주교와 일본의 비커스테드(Edward Bicker-steth) 주교[3]는 함께 부산 근방의 마을들을 돌며 선교의 가능성을 타진하고 즉각 한국 선교부를 설치할 것을 영국 성공회의 대표성을 가지는 캔터베리 대주교에게 청원합니다. 이에 벤슨(Benson) 갠디베리 대주교는 SPG로 하여금 한국에 선교사 파송을 추진하도록 합니다.

마침내 성공회의 한국 선교가 구체화되어 벤슨 캔터베리 대주교는 1888년 북중국 주재 주교에게 선교자금 2500파운드를 보내며, '주교 없는 곳에

교회도 없다'는 정신을 따라 일본이나 중국 선교와는 달리 주교부터 선발하여, 북중국의 주교 스코트의 추천으로 영국 빅토리아 함대의 군종, 해군종군사제 코프(Charles John Corfe, 한국명: 고요한)를 책임자로 선임하여 1889년 11월1일에 영국 웨스트민스터 성당에서 주교로 승품하였습니다.

코프주교

---

3 비커스테스 주교는 일본 성공회가 민족교회, 국가교회로 발전하는데 기여한 두 번째 영국인 주교였습니다. 그의 주된 역할로 일본 성공회는 세계 성공회 내의 독립된 관구를 설립하여 1887년 2월 오사카에 '니폰세이 코카이'라는 새 교회를 설립하였습니다. 일본 내에 이러한 독립된 교회를 이룬 비커스테드는 한국 선교에 있어서도 동일한 정신을 가지고 있었음을 짐작할 수 있습니다.

| 경계에 선 사람들

하지만 한국 선교가 시작되기는 하였으나 선교의 시작에도 불구하고 일본이나 중국 선교와 같이 많은 선교단체들의 참여가 이루어지지 않았고 SPG의 단일한 선교 단체에 의해서 이루어졌을 뿐입니다. SPG의 선교자금은 연간 1500파운드였으며, 이는 초기 선교자금으로는 매우 적은 금액이었습니다. 1908년 자료에 의하면 조선 1,700원, 중국 350만 원, 일본 300만 원의 선교 후원 금액만 보아도 당시의 조선에 대한 관심이 어떠했는지를 알 수 있습니다.[4] 벤슨 대주교는 조선 선교에 두 가지 제안을 하였습니다. 첫째는 조선에 나가는 선교사는 주교나 사제에 관계없이 가난한 삶을 살아야 한다는 것, 둘째는 가능한 공동체 생활을 해야 한다는 것입니다.[5] 모든 상황들은 어려웠지만 이처럼 성공회의 한국 선교가 열악한 가운데 시작된 점, 일본과 중국의 선교사들의 청원과 선교 열정에 의해 시작된 점들은 비록 열악함에도 불구하고 한국 선교가 얼마나 순수함으로부터 시작하였는가를 잘 보여준다 할 수 있습니다.

일본과 중국 선교사들의 청원과 열정으로 시작된 한국 선교에 코프 주교까지 세움을 받았지만 여전히 한국 선교에 대한 관심과 지원은 미미하였습니다. 코프 주교는 봉급을 받지 않는 궁핍한 생활과 선교동역자들과 공동생활을 할 수밖에 없는 소액의 선교자금으로 한국 선교를 시작하여야만 했습니다. 한국 선교에 동참할 선교를 SPG를 통해 구했지만 첫 사제 트롤로

4 김옥룡, 『강화선교 백년사』, (대한성공회 강화 선교 100주년 기념사업회, 1993), 50쪽
5 이근홍, 『찰스 존 코프』(대한성공회 출판부, 2015), 57쪽.

프(Mark Napier Trollope, 한국명: 조마가)를 얻은 것은 1890년 6월24일이었습니다.

코프는 이러한 열악한 상황에 놓인 자신에 대하여

"나는 마치 나룻배 한 척으로 전쟁에 나가는 기분이었다"

고 증언하였습니다. 또한 트롤로프 신부는 한국 선교를 결심하면서 그의 어머니에게 다음과 같이 편지하였습니다.

"…제가 코프 주교님께 선교에 보탬이 될 수 있는 아무 것도 가져갈 수 없다고 말씀드렸습니다. 제가 가진 것은 건강과 제가 받은 교육이며, 하느님이 선택해 주신대로 하느님의 사역을 위해 쓰고자 하는 마음 뿐입니다….

제가 그곳에 가게 되면, 주교님과 다른 사제들과 더불어 엄격하고도 내핍하는 생활에 적응해 나갈 것입니다…. 제가 어머님과 아버님께 청하고자 하는 것은 제가 그곳에 갈 수 있도록, 즉 주님께 갈 수 있도록 잊어 달라는 것입니다….

그렇습니다. 아마도 이 세상에서 다시는 만나뵐 수 없을는지 모릅니다…. 분명히 말씀드리고자 하는 것은 야무스(Yarmouth) [교회]에서의 답답한 일 [예전상의 신자들과의 갈등]을 피하려는 것이 아니라, 순수한 선교정신으로 해외선교에 임하려는 의지입니다."[6]

그러나 이러한 열약한 가운데에서도 하나님의 위로는 있었습니다. 곧 한국으로 떠나는 동료에 대한 애정으로 영국 해군의 동료들이 1889년 12월 6일에 '해군병원 기금'이라는 단체를 설립하였습니다. 이는 서울과 제물포에 설립하게 될 병원에 대한 지원을 위한 것입니다.

한국의 첫 번째 주교로 세움을 받은 코프 주교는 한국 선교를 위하여 준비하는데 여러 가지 어려움이 있었습니다. 코프 자신이 독신이며 수도사적인 영성을 가지고 있어, 선교 지원자로 독신만 받고, 생활비 지원은 없으며 공동체 생활을 하며, 아무런 보장도 하지 않음으로 이에 자원하는 사람들이 미미하였습니다.

결국 코프는 미국 성공회, 캐나다 성공회에 도움을 요청하고, 미국의 9개 도시, 캐나다의 8개 도시와 일본의 3개 도시를 순회하며 선교 모금 및 선교사 지원을 요청하기도 하였습니다. 이에 캐나다 성공회 뉴웨스트민스터 교구 소속의 스몰(Richard Small)과 피크(Sydney John Peake, 한국명: 백요한)의 한국 선교 참여의 뜻을 받았고, 외과 의사인 와일스(Julius Wiles)와 내과 의사인 랜디스(Eli Barr Landis, 한국명: 남득시)의 한국행 동의를 얻었습니다.

6   C. Trollope, Mark Trollope(London: SPCK, 1936), 12-13쪽.

이외에도 코프 주교는 강화 선교에 있어서 중요한 기여를 하게 될 워너(Leonard Ottley Warner, 한국명: 왕란도), 포우널(Joseph Henry Pownall), 데이비스(Maurice Wilton Davis, 한국명: 위신부) 등을 합류시키게 됩니다.

코프 주교는 이 외에도 1890년 7월1일 한국 선교를 알리고 선교비 모금을 위하여 '모닝캄'(The Morning Calm)이라는 정기 간행물의 발간을 시작합니다.

시기적으로 1883년 미국에 문호 개방에 이어 1884년에 영국에 문호 개방이 있었기에 코프 주교는 영국 영사의 도움을 받으며 들어올 수 있었습니다. 코프의 내한은 먼저 외과 의사인 와일스가 1890년 9월3일 제물포에 도착한 것을 시작으로 코프 주교는 내과 의사인 랜디스와 함께 9월26일 부산에 도착하여 하루를 머문 뒤에 9월29일에 제물포에 도착하며 다음 날인 9월30일에 서울을 방문하며, 제물포에 한 저택을 세를 얻어 하나의 방을 개조해서 성당으로 사용하면서 제물포에 살던 외국인을 위한 미사를 거행하였고, 다른 방 하나는 진료소로 사용하면서 한국인과 외국인에 대한 의료 사업을 개시하였습니다.

워너 신부는 1890년 11월5일에, 스몰 신부와 피크는 12월8일에 각각 도착하였고, 다음해인 1891년 3월19일에 트롤로프 신부, 포우널 부제, 데이비스가 한국에 도착하여 선교부에 합류하였습니다.

코프 주교가 한국에 온 날은 1890년 9월29일로 스스로 창립 기념일로 정하고 성공회가 자체 기념일을 삼음으로 논란의 여지없이 이날이 한국 성공회의 역사가 되었습니다. 실제적인 선교 역사와 달리 불행인지 다행인지, 공적으로 성공회는 한국 선교에 있어 장로교와 감리교 이후로 정해지게 되었습니다.

성공회의 못자리 교회 강화

해군이었던 코프 주교는 특별히 바닷길에 대한 관심이 많았습니다. 그래서 선교사 중에 한 명을 1892년 9월2일부터 2달 동안 1893년 5월에도 한 달 동안 마포에서 한강 줄기를, 두 달 동안 양수리, 북한강, 남한강까지 살펴보게 합니다. 강화 앞바다로 해서 강화를 둘러보고, 교동을 둘러보고, 배 타고 대동강에서 평안도까지, 거기에서 육지길로 해서 백천(배천), 황해도로 해서 예성강, 임진강을 살펴보았는데 그 중심에 강화가 있었습니다.

코프가 뱃길을 살펴보게 파견한 신부가 바로 워너 신부입니다. 워너는 이전에 아프리카 선교에서 병으로 중도 포기하였기에 코프 주교의 선교사 모집에 강한 선교의 열정을 가지고 있었습니다. 그는 두 번의 답사를 통해서 선교의 대상으로 강화를 낙점하였습니다. 제물포는 거리상으로 서울과 60마일 정도로 먼데에 반해 강화는 절반 정도의 30마일의 짧은 거리이며, 교통이 좋으며 강화가 가지는 역사성은 조선의 특징을 알 수 있는 데에 적합하다는 이유입니다.[7] 추가적으로 강화가 영국의 아이오나 섬과 같다는 영감으로 강화를 한국의 아이오나가 되기를 바랐습니다.

코프는 워너를 강화로 파송하게 됩니다. 곧 강화 선교는 이 워너 신부로부터 시작합니다. 그는 1893년 7월 성 밖 갑곶 나루터 옆 진해루 근처에 초가집을 얻어 선교를 시작하였고 1894년 1월에 이 집을 매입해 기도처로 정하고 '성 니꼴라스 회당' 이라 하였습니다.[8] 강화는 한국 성공회 역사에서 중요한 역할을 담당하였습니다.

일제시대의 진해루와 갑곶나루

---

7 The Morning Calm, No.46, 1894, 54쪽.
8 The Morning Calm, No.46, 1894, 53-57쪽.

강화도 성공회 갑곶 니꼴라스 회당

　워너의 처음 사역은 '기독교란 무엇인가?'라는 소책자를 제작하여 장터에 나가서 나눠 주는 일이었으며, 고아들을 자신의 집으로 데려다가 돌보고 입양하고 교육까지 하였습니다.[9] 입양한 고아 중에 5명의 소년에게 영세를 베풀었으며 이것이 성공회의 강화 최초의 세례였습니다.

　워너에 의한 강화 선교는 매우 고무적이었으며 이에 워너는 보다 책임권이 부여된 사제의 필요성에 의해 자신을 강화도 선교의 주임 사제로 임명해 줄 것을 요구하였습니다. 그러나 코프 주교는 워너의 요청을 주교권에 대한 도전으로 판단하고 묵살하였습니다.[10] 코프 주교의 이와 같은 일방적이고 독선적인 주교권 행사에 실망한 워너는 6년 동안의 선교사 생활을 사임하고 영국으로 돌아가게 됩니다.

　표면적으로 워너의 사임은 건강 악화에 있었지만 보다 근본적인 이유는

9　김옥룡, 『강화선교백년사』(대한성공회 강화 선교 100주년 기념 사업회, 1993), 25쪽.
10　이근홍, 『찰스 존 코프』(대한성공회 출판부, 2015), 128~129쪽.

갈등의 표출로 여겨집니다. 비록 그의 사임에도 불구하고 강화 선교에 있어서 워너의 역할은 절대적이었다고 할 수 있습니다.

코프 주교는 워너의 후임으로 훗날 조선 성공회 3대 주교가 되는 트롤로프 신부를 파견합니다. 일본측의 방해로 문을 닫은 총제영학당 교관들이 살던 관사를 매입한 때가 이때이며 성공회는 마침내 성안에 자리 잡게 되었습니다. 그리고 다시 2년 뒤 견자산 산마루, 고려 시대 때 쌓았다는 강화 내성 성터 3000여 평을 구입하였습니다.

강화성당에서 바라본 전경. 성공회 강화성당을 오르기 전 오른편에는 용흥궁이 있으며, 좌측 길을 조금 오르면 언덕에 고려궁을 만납니다.

성공회 강화 성당[11]

　강화 성당은 견자산 산마루에 위치해서 강화읍을 훤히 내려다보고 있습니다. 강화 성당에 오르기 전에 오른편에는 용흥궁을 만나며, 왼쪽의 도로를 타고 조금만 올라가면 고려궁을 만날 수 있습니다.

위, 아래: 용흥궁 외부

11 이덕주, 『눈물의 섬 강화 이야기』, 35-53쪽.

　강화 성당을 어떻게 보아야 할까요? 강화 성당만을 본다고 강화 성당의 의미를 알 수 있는 것은 아닙니다. 강화 성당의 축성은 성공회의 선교 전략의 변화를 볼 수 있습니다. 이전 성공회의 주된 선교 목표는 현지민보다는 현지에 나가 있는 영국인들, 일본인들, 유럽인들에게 교회법에 따른 성사를 베풀어 주는 주된 목적이 컸습니다. 그러나 강화 성당의 토착화에 의한 건축은 영국인들을 위한 것이 아니라 현지민을 위한 선교 전략의 신호탄이라고 할 수 있는 것입니다. 이러한 선교 전략의 변화는 워너의 복귀 이후 코프 주교의 심정 변화와 무관하지 않을 것으로 보입니다.

　먼저 강화 성당은 첫째, 유교의 향교와 조화합니다. 외삼문은 유교 향교의 정문에 해당합니다. 외삼문은 본래 3문으로 구성되어 가운데 문은 신(神)이 다니는 문이고 우측 문은 들어갈 때에 사용하고, 좌측 문은 나올 때

사용합니다.

궁궐에 삼도(세 개의 길)가 있어, 임금이 걷는 길과 신하가 걷는 길이 구분되는 것 같이 삼문 또한 그 의미가 있습니다. 외삼문과 대칭을 이루는 내삼문은 학문을 가르치고 연구하는 장소인 명륜당과 위패를 모신 대성전을 가르는 문입니다. 외삼문과 내삼문은 태극 문양이 있는 공통점이 있습니다. 이제 이러한 유교의 향교의 특징을 가지고 강화 성당을 볼 때에 비록 삼문은 아니지만 그 형태에 있어서는 외삼문을 연상케 하며 향교의 태극 문양에 십자가 문양을 조화시켰습니다. 향교의 내삼문과 같이 강화 성당의 내삼문에는 종각이 위치하고 있으며 내삼문 뒤에 성당이 있습니다.

둘째, 강화 성당은 불교의 사찰과 조화합니다. 유교의 향교에 외삼문과

위의 사진은 강화 성당의 외삼문이고, 아래의 사진은 교동 향교의 외삼문입니다. 강화 성단은 유교와의 조화를 이룹니다.

경계에 선 사람들

명륜당과 내삼문 대성전의 순서로 위치하는 바와 같이 사찰 또한 일주문
(산문)과 천왕문(대문)을 거쳐 불이문(중문)을 지나 법당으로 들어갑니다.
강화 성당 또한 외삼문과 내삼문(종각)을 지나 영광의 문을 통해 성당 본당
안으로 들어갑니다. 강화 성당의 내삼문은 향교의 내삼문과 달리 종각으
로 쓰이는데 처음에는 외삼문과 내삼문이 없었으나 1914년 영국에서 주
조한 종을 가지고 오면서 외삼문과 내삼문을 만들었습니다.

당시의 종은 일제 강점기 말기에 징발되었고, 지금의 종은 1993년 강화
성공회 선교 100주년을 기념하여 주조한 것입니다. 종과 더불어 불교를 연
상케 하는 것은 보리수입니다. 인도에서 가져온 10년생 묘목 두 그루를 심
어 백 년 넘게 자랐습니다.

왜 스님이 절간인지 알고 합장배례하고 지나간다고 하는 이해하지 못할
바가 아닙니다.

강화 성당의 내삼문에는 불교의 범종을 연상케 하는 종각이 있습니다

종과 더불어 보리수는 불교를 연상케 합니다.

1900년 영국선교사 트롤로프 신부가 인도에서 10년생 보리수나무 묘목을 가져와 심었다고 전합니다. 불교를 상징하는 나무지만 성공회는 각 나라와 지역의 문화와 전통을 존중하는 토착화 신학의 선교정신을 가지고 성당건물을 한식으로 짓고, 토착불교와 조화를 이루기 위한 노력의 일환으로 식재되었다. 2012년 태풍 볼라벤으로 반대쪽에 심어졌던 유교를 상징하는 회화나무가 쓰러지게 되어 성당 건물 보호와 재난에 대비하기 위하여 굵은 가지 일부를 잘라내어 수세는 약화되었으나 여전히 성당을 방문하는 많은 사람들의 관심과 사랑을 받고 있습니다. (출처: 강화군)

ㅣ 경계에 선 사람들

셋째, 강화 성당은 서양 문화와 조화합니다. 성당의 외형은 전통 한옥 양식이지만 성당의 내부는 사뭇 다릅니다. 성당의 내부는 바실리카 양식으로 건축되었습니다. 바실리카는 '귀족의 집'이라는 뜻이며 이는 중세 초기 전형적인 로마 가톨릭 교회의 양식입니다. 내부의 구조는 기둥들로 구분되어 가운데 중심부는 넓고 높으며 여기에 회중석이 위치하고 있고, 양 옆에는 복도로 사용됩니다. 맞은편으로 제단이 위치하여 있습니다.

강화 성당의 외부의 모습과 내부의 모습은 서양 문화와의 조화를 보여줍니다.

성공회 강화 성당은 큰 배의 모양입니다. 성경의 어부들뿐만 아니라 강화도 교인 대부분이 어업에 종사하는 자들이 많았으며 성공회의 선교사들 또한 해상 제국 영국의 선교사들이었기 때문입니다.

강화성당은 2000년 11월에 '축성 100주년'을 맞아 성대한 축하 행사를 벌였고, 정부에서도 이 건물의 역사적 의미를 인정하여 2001년 1월4일 사적 424호로 지정하였습니다. 개신교 예배당 건물이 '국가 사적'으로 지정받은 것은 강화 성당이 서울의 정동제일교회 문화재 예배당 다음으로 두 번째입니다(천주교 성당 건물로는 서울의 명동성당과 약현성당이 사적으로 지정되어 있습니다).

온수리 성당[12]

산꼭대기를 파내리고 교회 터를 잡은 강화 성당과는 달리 온수리 성당은 언덕 정수리를 비켜서 언덕 자락에 터를 잡았습니다. 일제 강점기에 외국인 선교사들이 집을 짓는데 한국의 전통적인 '배산임수'로 터 잡는 법을 무시하고 땅의 정기가 모여 있는 정수리를 깔아뭉개고 그 위에 집을 얹는 당돌한 건축술에 '조선 목수'들이 놀라곤 했습니다. 강화 성당이 그런 식이었습니다. 그러나 온수리 성당은 비록 얕은 언덕이긴 하지만 언덕 기슭에 터를 잡았으니, 집을 앉힌다는 표현이 잘 어울립니다. 언덕 위에 집 짓기를 좋

12 이덕주, 『눈물의 섬 강화 이야기』, 59-73쪽.

아하는 영국인들이었지만 지금 성당 오른쪽 언덕에 있는 남의 무덤을 파 엎으면서까지 교회를 지을 수 없었기에 무덤이 없는 북쪽 기슭으로 비껴 앉아 터를 닦은 것입니다.

온수리 성당의 외삼문

소박하고 순수한 토착미를 느낄 수 있는 것이 온수리 성당의 멋입니다. 백두산에서 아람드리 소나무를 가져오고, 서울에서 경복궁을 지었다는 도목수를 데려오고, 인천에서 중국인 석수를 데려다 지은 강화성당과 달리, 온수리 성당은 이곳 교인 집 뒷산에서 베어온 소나무를 이곳 목수들이 다듬고, 이곳 흙으로 구운 기와를 이곳 사람들이 올려 지은 집이기에 훨씬 토속적입니다.

온수리 성당의 외부와 내부의 모습

| 경계에 선 사람들

강화 온수리 성공회 사제관

현대식으로 건축한 현재의 온수리 성당

   온수리에 성공회가 들어온 것은 1898년 1월입니다. 1896년 트롤로프 신부와 힐러리 신부, 그리고 평신도 로스 등 세 선교사가 강화에 부임하면서 성공회 선교는 활기를 띠게 되었습니다. 의사인 로스의 진료소가 좋은 반응을 얻자 강화읍에 있던 힐러리 신부도 이곳으로 옮겨와 교회와 학교를 시작하였고 일이 늘어난 힐러리를 돕기 위해 강화 출신으로 1897년에 한국 성공회 최초 세례교인이 된 김희준이 내려왔고 강화 불은면 출신으로 1901년 힐러리에게 세례 받은 구건조도 전도 활동에 합류하였습니다. 특히 한학자이던 구건조의 개종은 강화지역의 지식인 계층에게 성공회에 대한 인식을 바꾸어 놓았습니다.

광산 김씨에는 다섯 형제가 있어 온수리 사람들은 대부분 김씨네 땅을 붙여 먹고사는 형편이었습니다. 이 광산 김씨 집안에서 김영선, 김영지 두 형제가 성공회 교인이 되었으니 그 과정에서 유학자 출신 구건조의 역할이 컸습니다. 그중에서 김영선은 신학을 공부하고 1924년 사제 서품을 받고 고향 교회인 온수리 성당에 부임하여 은퇴하기까지 30년 동안 이곳에서만 목회하였습니다. 성공회 사제들은 3-4년마다 임지를 바꾸는 것이 상례인데 김영선 신부는 선교부에서 주는 월급을 반만 받는 대신 온수리에 계속 머물게 해달라고 요청하였고 주교는 이런 여유 있는 지주 출신 사제의 요구를 받아들였습니다.

이처럼 김영선, 김영지 형제가 믿기 시작하자 광산 김씨 집안에서 교인이 나오기 시작했고 김씨 집안의 땅을 붙여 먹고사는 소작인들과 하인들이 따라 나왔습니다. 물론 김씨 집안 말고도 넙성리의 서성강 덕성리의 임정실,

초지리의 김수옥, 온수리의 최영기 등 열심 있는 교인들도 있었지만 광산 김씨 집안과 이에 연결된 소작인 교인들이 온수리 성당의 주류를 이루었습니다. 초기 강화 기독교 역사에서 특징적으로 나타나는 문중 교회의 형태를 이곳에서 발견할 수 있습니다(서울대교구장을 지낸 김성수 주교가 바로 온수리 광산 김씨 문중 출신입니다).

아이오나(Iona) 순례길

전라남도 신안에는 한국의 산티아고 순례길이 있습니다. 증도의 문준경 전도사님을 보고, 그 은혜와 감격으로 한국의 산티아고의 순례길을 걷는다면 큰 은혜가 될 것입니다. 증도 옆의 병풍도로부터 대기점도, 소기점도 소악도에 프랑스, 스페인, 포르투갈, 독일, 한국 등 여러 나라 작가들이 예술적으로 만든 12개의 작은 교회를 순례하는 코스로 한국의 산티아고라 불립니다.

그러나 놀랍게도 강화도에는 예술가들이 만든 예술적 가치를 가진 교회가 아닌 실제적으로 12개의 성공회 교회가 있습니다. 성공회의 못자리가 되는 강화도에는 대부분이 감리교 교회이지만 12개의 성공회 교회가 있으며, 성공회에는 이 12개의 교회들을 바탕으로 12개의 순례길을 조성하였습니다. 이 순례길의 이름이 바로 아이오나 순례길입니다.

성공회의 초대 주교 코프 주교는 강화도를 영국교회의 신앙의 성지인 '아이오나 섬'처럼 만들고 싶어 했습니다. 성공회 영성의 뿌리인 캘틱 교회 신앙의 못자리였던 아이오나 섬처럼 강화도를 한국 선교의 영적 못자리로 삼고자 하였습니다. 아이오나 섬은 영국 북부 스코틀랜드 서안에 있는 섬으로 6세기경 콜롬바가 들어가 교회를 개척하고 수도원을 설립 후 훗날에 성공회의 뿌리가 되었습니다.

이에 성공회 강화교무구는 강화 선교 초기의 선교사들의 발자취를 따라 걸으며 그들의 신앙과 열정의 정신을 회복하고자 12길의 아이오나 순례길을 조성하게 되었습니다.

1길 (강화선교 첫길, 강화읍성당 가는 길)

갑곶이 ≫ 갑룡초교 ≫ 견자산 ≫ 강화읍성 동문 ≫ 옛 선교본부 터 ≫ 강화읍성당 ≫ 중앙시장 ≫ 김구고택 ≫ 남문 ≫ 풍물시장 ≫ 들판들길 ≫ 십자산 입구 ≫ 십자산 김희준 묘

2길 (구건조 바나바 길)

강화읍성당 ≫ 찬우물 고개 ≫ 냉정리교회 ≫ 철종 외가 ≫ 구건조 신부 묘 ≫ 이규보 묘 ≫ 난저울 선교 터 ≫ 온수리교회

ㅣ 경계에 선 사람들

3길 (노인산 로스 길)

온수리교회 》 덕포리교회 터 》 문산리 수도원 터 》 마리산 입구 》
내리교회

4길 (교동도 가는 길)

송산교회 》 교동 대교 》 박두성 생가 》 제방뚝길 》 교동교회 터 》
교동 읍성 》 대룡 시장

5길 (김희준 마가 길)

강화읍교회 》 강화 고성 서문 》 국화리 저수지 》 홍릉 》 고비교회
터 》 고려 저수지 》 외포리 선착장 》 석모대교 》 석포리교회

6길 (길강준 힐러리 길)

온수리교회 》 난저울 선교 터 》 방죽 마을 》 덕진교회 터 》 넙성
리교회

7길 (손갑룡 이사야길)

내리교회 ▶ 동산말 고개 ▶ 선수리교회 ▶ 왕재 고개 ▶ 장화리교회 ▶ 여차리교회 터 ▶ 흥왕리교회

8길 (매너미 선교길, 3색길)

내리 ▶ 매너미 고개 ▶ 여차리교회 터 ▶ 제방 길 ▶ 흥왕리교회

9길 (주장훈 바우로길)

온수리교회 ▶ 덕포리교회 터 ▶ 사기리교회 터 ▶ 정수사 고개길 ▶ 흥왕리교회 ▶ 여차리교회 터 ▶ 장화리교회 ▶ 왕재 고개 ▶ 선수리교회 ▶ 동산말 ▶ 내리

10길 (함치근, 치운 형제 길)

흥왕리 교회 ▶ 매너미 고개, 내리교회 ▶ 삼흥리교회, 왕배 고개 ▶ 냉정리교회, 찬우물 ▶ 십자산 ▶ 강화읍성당

11길 (고비 선교길)

강화읍성당 》 강화성 서문 》 국화리 저수지 》 흥릉 》 고비 고개 》
고비 옛 교회 터 》 적석사 》 오층석탑 》 다운리교회 옛 교회 터

12길 (동검도 가는 길)

온수리교회 》 안나의 집, 우리 마을 》 초지 교회 》 윤달용 신부 묘
》 장흥 저수지 》 동검도 옛 교회 》 세어도 옛 교회

강화읍교회, 설립: 1893년
강화군 강화읍 관청길 27번길 10

내리교회, 설립: 1901년
강화군 화도면 안골길 21-1

냉정리교회, 설립: 1905년
강화군 선원면 중앙로 408-10

넙성교회, 설립: 1901년
강화군 불은면 불은남로 224번길 21-16

삼흥리교회, 설립: 1901년
강화군 양도면 강화남로 1002번길 113-18

석포리교회, 설립: 1906년
강화군 삼산면 삼산동로 17-8

선수교회, 설립: 1953년
강화군 화도면 해안남로 2740-2

송산교회, 설립: 1908년
강화군 양사면 서사길 41번길 32

온수리교회, 설립: 1898년
강화군 길상면 온수길 38번길 14

장화리교회, 설립: 1952년
강화군 화도면 해안남로 2478번길 3-18

초지교회, 설립: 1901년
강화군 길상면 신촌로 242번길21-9

흥왕리교회, 설립: 1902년
강화군 화도면 해안남로 1878-11

에필로그

강화를 정신없이 다닌 것이 만 1년이 넘었습니다. 무엇을 반복적으로 한다는 것이 성격상 맞는 일이 아님에도 불구하고 이 일을 꾸준히 할 수 있었던 것은 하나님의 은혜입니다. 말씀을 연구하는 사역을 주로 하다가 말씀이 적용된 또 다른 성경 이야기를 강화에서 발견하게 되었을 때에 너무나 감격적이었습니다. 처음에는 단순히 받은 은혜와 감격이 감사해서, 여러 목사님들에게 소개하는 일로 시작하였는데, 이 일이 점점 더 커지게 되었습니다. 마치 어렸을 때에 보물찾기를 하듯, 복음의 줄기를 찾아 강화라는 섬을 뒤지다 보니 여기까지 왔습니다.

일을 하다 보면, 그것이 하나님의 일이라고 할지라도 하나님보다는 일에 집중하기가 쉽습니다. 그러나 천국의 섬이라 불릴만한 주문도의 강화 순례 여정의 마지막 교회인 서도중앙교회의 방문 이후 다시 주님과의 관계에 집중할 수 있음은 이 모든 것이 하나님의 은혜이며 선물이었습니다.

강화 순례가 순례의 끝이 아닌 앞으로의 순례의 시작이 될 것에 대한 또 다른 기대감이 있습니다. 앞으로 강화 순례가 작은 예가 되어 지속적인 국내 선교 이야기의 집필 계획을 가집니다.

강화 순례 이야기, '경계에 선 사람들'은 강화 선교의 모든 이야기를 전할 수 없어 시간적으로 1885년으로부터 1910년까시로 하였습니다. 일제 강점기에는 교회가 환난을 겪었던 시기이고, 6.25의 역사는 또 다른 교회사의 아픔을 확인할 수 있었습니다. 이 모든 이야기를 담는 것은 백서나 전문적인 영역이라, 방대하고 어려우며, 이에 모두가 사모하는 초대교회와 같이 복음의 씨앗이 처음 떨어진 때를 뒤돌아보는 것으로 제한하였습니다.

또한 이번 순례 시리즈의 의미는 다바르 말씀 사역원의 사역이 다소 정적인 사역임에 반해, 순례 사역을 통해서 동적 사역의 균형을 이루었다는 것입니다. 더욱이 강화 선교의 특징인 바, 선교의 역사가 성경적인 모델을 그대로 담고 있어, 선교적인 역사를 성경적인 안목으로 재해석하는 데에 더욱 유익하였습니다. 사실 성경은 원형이며, 모델이 됩니다. 성경이 원형이나 원형으로만 남아 있다면 이 또한 아무런 생명력을 가질 수 없는 것입니다. 그러나 성경이 원형에서 모형이 됨으로 우리들의 삶의 현장을 더 의미

있게 하시는 것입니다.

강화 순례는 시기적으로 너무나 적절하였습니다. '경계에 선 사람들', 다바르 말씀 사역원의 첫 번째 순례 이야기가 출판하는 즈음에 강화에 '강화기독교 역사기념관'이 건립되어, 하나님께서 강화를 어떻게 쓰실지 기대가 됩니다. 에베소가 쓰임을 받은 것은 2차 선교 여행 때가 아닌 3차였듯이, 성공회가 바라본, 한국의 아이오나가 되기를 바랐던 이 강화가 코로나 이후에 귀하게 쓰임을 받기를 사모합니다.

마지막으로 다시 한번 강화 선교의 역사를 간략하게 기술하며 글을 맺고자 합니다.

강화의 예루살렘 교회, 교산교회

존스 목사의 처음 강화 입성이 거절되었으나, 감리교 선교에 있어, 복음의 씨앗은 오히려 강화의 변두리에 떨어져 복음의 역사를 이룸은 이 모든 것이 사람의 열심과 힘으로 되는 것이 아닌 하나님의 섭리 속에서 이루어짐을 봅니다. 강화의 중심부가 아닌 변두리, 사회적인 약자에게 먼저 복음의 빛을 비추심은 하나님의 일하심의 단면을 분명히 보여줍니다. 복음의 능력은 복음을 전하는 자가 아닌 복음 자체에 능력이 있는 것입니다. 복음을 핍박하였으나 위대한 사도로 쓰임 받은 바울과 같은 김상임 이야기는 놀라우며, 특별히 김리브가 권사가 일으킨 부흥의 역사는 꺼진 숯불과 같은 한국

교회에 다시 누군가가 불을 붙일 것을 기대케 합니다.

강화의 안디옥 교회, 홍의교회

김상임에 의해 전도된 박능일과 홍의교회는 이 책 제목에 가장 부합합니다. 강화 선교의 불티가 된 이승환, 불꽃이 된 김상임, 마지막으로 선교의 불길은 박능일에 의해서 이루어졌습니다. 홍의인들, 그들은 경계를 넘어선 사람들이었습니다. 먼저 그들의 신앙은 공동체적이었습니다. 그들은 검정 옷을 입었고, 일자 돌림을 가졌습니다. 복음적 토착신앙의 일면을 보여줍니다. 그들의 신앙은 성경적이었습니다. 성경을 그대로 받아들여 이에 대한 결단으로 종순일의 헌신은 바나바와 같이 아름다웠으며, 그는 이후에 '경계에 선 사람', '경계를 넘어선 사람'이 되어 길상을 중심으로 한 강화 남부와 서도중앙교회 목회를 통한 서도면, 서쪽 끝까지 복음을 전한 사람이 되었습니다.

전략적 요충지, 고부교회

고부교회가 쓰임을 받을 수 있었던 것은 고부교회가 가진 특별한 지정학적인 위치 때문입니다. 하나님께서 복음의 불길을 저 에베소보다 먼저 빌립보로 향하게 하심은 사람의 생각을 넘어선 것입니다. 하나님은 또한 전략가이십니다. 여리고를 무너뜨린 영적인 역사와 함께 아이성을 무너뜨린 전략은 동일한 하나님의 역사입니다. 오늘날 하나님께서는 고부교회와 같이 그분의 뜻을 이루시며 복음을 확장케 하십니다. 고부교회는 사람의 눈에는 대수롭지 않게 보이지만 이 거점 교회가 얼마나 큰 일을 했는지는 잘 알려지지 않았을 뿐입니다. 강화 서부 지역의 세 교회인 망월교회, 오상교회, 외포교회가 세워진 자세한 이력은 알 수 없으나 이 거점 교회와의 관계를 무관하게 볼 수만은 없습니다. 고부교회로부터 직접적으로 세워진 건평교회와 조산교회, 건평교회로부터 흥천교회, 흥천교회로부터 삼성교회...하나의 씨앗은 믿음으로 바라보면 나무가 되고 울창한 숲이 되고, 웅장한 산맥을 이루는 것입니다.

강화의 에베소, 교동교회

교동교회를 에베소 교회와 견준 것은 두 가지 의미가 있습니다. 첫째, 에베소 교회가 아시아의 나머지 8교회의 설립에 직간접적으로 영향을 끼쳤던 바와 같이 교동교회는 교동선교의 중심적인 역할을 했기 때문입니다. 둘째, 에베소 교회의 첫사랑과 같이 교동교회가 가진 처음 사랑의 아름다움을 볼 수 있기 때문입니다. 교동교회가 이 처음 사랑을 아름답게 회복하여 앞으로도 더욱 귀하게 쓰임을 받기를 기원합니다.

삼산의 교회들, 송가교회

오늘날 석모도는 많은 사람들의 힐링의 코스입니다. 그러나 힐링을 위한 것이 아닌 복음을 위해서 이 척박했던 땅에 들어왔던 사람들, 그리고 그들이 교회를 세운 이야기를 잊어서는 안 될 것입니다. 두 가지 삶이 있습니다. 힐링을 위한 삶과 복음을 위한 삶입니다. 교동에 복음을 전하였던 권신일 전에, 그의 조카 권혜일에 의해서 송가에 복음이 전해지고, 송가교회에 의해 항포교회와 석모교회가 세워집니다. 이후에 윤정일에 의한 매음교회는 또 다른 복음 역사를 위한 준비가 되었습니다.

강화의 로마교회, 강화중앙교회

존스 목사를 거절하였으나 결국 복음은 강화읍에 이르게 됩니다. 파도 앞에서 그 파도를 막을 수 없는 바와 같이 복음의 물결은 셜국 강화읍에 이르고 강화중앙교회는 강력한 복음의 새 거점 교회가 됩니다. 감리교 선교에 있어, 복음은 중심부가 아닌 변두리에 전하여졌으나 이 중심부는 결국 복음의 중심부가 되어, 이후 복음이 남부와 서부로 더 나아가 바다를 건너 동쪽으로까지 확장되는데 귀하게 쓰임을 받게 됩니다.

강화 남부의 두 거점 교회 강화초대교회와 내리교회

강화 남부의 선교는 길상면의 선교와 화도면의 선교입니다. 길상면의 선교는 종순일에 의해서 강화초대교회와 길직교회, 선두교회로 이어지고, 선두교회는 남동쪽으로는 선두중앙교회와 장흥교회에 복음을 흘려보내며, 남서쪽으로는 동막교회와 강남교회에 이르게 합니다. 복음의 역사는 마치 몸과 같으며 복음의 역사는 수혈이 이루어지는 것과 같습니다.

강화 남부의 또 다른 선교인 화도면의 선교는 특징적으로 뜨겁습니다. 마리산 부흥회와 같은 신비적이며, 뜨거운 부흥의 역사를 이 화도면의 선교 속에서 살필 수 있습니다. 내리교회의 전신인 송강리교회, 장화교회, 화도 시온교회, 문산교회 등을 살피는 일과 더불어 당시의 부흥운동에 큰 관심을 가져야 할 것입니다.

천국의 섬 주문도와 서도중앙교회

교동도, 석모도도 대교로 연결되었으나 아직 배를 타고 가야 하는 서도면의 섬들이 있으며, 이 서도면의 섬들 가운데 복음의 중심이 된 주문도의 서도중앙교회를 마지막으로 살펴야 합니다. 주문도는 천국의 섬입니다. 다른 타종교가 없으며 세속과 분리되어 복음의 순수함을 간직하고 있기 때문입니다. 때 묻은 우리들의 신앙을 이곳에서 씻을 수 있습니다. 앞으로 어떻게 이 주문도가 복음 안에서 쓰임을 받을지 기대가 됩니다.

성공회의 강화 선교 이야기

마지막으로, 성공회의 이야기는 성공회의 한국선교 이야기로부터 시작하여 강화성당과 온수리성당, 아이오나 순례길까지 살펴보았습니다. 성공회에 낯선 이들에게는 작은 소개가 되기를 바랍니다. 개신교가 듣는 종교라면 그 단점을 보완해주는 것이 바로 성공회입니다. 개신교는 듣는 종교뿐만 아니라 보는 종교로서의 의미도 회복해야 합니다. 또한 성공회 선교가 가진 특별함을 깊이 있게 새겨야 합니다. 성공회의 선교는 토착화 정신에 바탕을 두고 있습니다. 복음 선교의 과정에서 서구 문화의 일방적인 이식과 수혈이 아닌, 선교지의 전통과 문화를 존중하고 조화하며, 지역의 아픔과 문제를 사목의 대상으로 삼으며 지역에 깊이 있게 뿌리를 내리는 교회가 되었습니다.

지난 1년간 코로나라는 위기 속에서도 오히려 강화 순례에 집중할 수 있었고, 이 귀한 나눔을 가질 수 있어 감사하며, 행복합니다. 아무쪼록 많은 이들에게 강화 순례 이야기가 전하여져서 코로나 이후에 믿음과 신앙의 아름다운 회복이 있기를 간절히 사모합니다.

참고문헌

- 김옥룡.『강화선교백년사』. 대한성공회 강화 선교 100주년 기념 사업회, 1993.
- 박영규.『한권으로 읽는 조선왕조실록』. 서울: 도서출판 들녘, 1996.
- 박인환.『오상교회 103년사』. 서울: 신일문화사, 2007.
- 이근홍.『찰스 존 코프』. 대한성공회 출판부, 2015.
- 이재정.『대한성공회 백년사』. 서울: 대한성공회출판부, 1990.
- 이은용.『강화읍잠두교회역사』. 인천: 강화중앙교회, 2016.
- 이은용.『기독교대한감리회 흥천교회 百十年史』. 인천: 도서출판 진원, 2019.
- 이덕주.『눈물의 섬 강화 이야기』. 서울: 대한기독교서회, 2002.
- 이덕주. 조이제.『강화기독교 100년사』. 서울: 신앙과지성사, 1994,
- 이진환.『교동도의 역사와 문화산책』. 서울: 정행사, 2016.
- 전택부.『토박이 신앙산맥, 3』. 서울: 대한기독교출판사, 1992.
- 최규환. 최태육. 구본선.『교동선교100년사』. 교동: 교동지역 교회연합회, 1999.
- 한성수.『행복을 선택한 사람들』. 서울:월드북, 2011.
- 내리교회 역사편찬위원회.『내리선교 130년 역사화보집』. 인천:내리교회, 2015.
- 황효성.『삼남교회 역사자료 모음』. 인천:삼남교회, 2019.
- 『기독교대한감리회 중부연회총람』. 1992.
- 『신학월보』. 1903년 10월호.
- 『대한그리스도회보』. 1899.2.15.
- 『그리스도회보』. 1912. 2. 29.
- 박장희.『영국 성공회의 강화도 선교의 특징(1890~1910)』. 동국대학교 대학원 사학과 석사학위 논문, 2018.

- G.H. Jones. "The Korea Mission of the Methodist Episcopal Church" The Board of Foreign Missions of the Methodist Episcopal Church, New York, 1910.
- C. Trollope. "Mark Trollope". London: SPCK, 1936.
- "The Morning Calm", 1890–1939.

경계에 선 사람들

초판인쇄일 _ 2022년 2월 28일
초판발행일 _ 2022년 2월 28일

펴낸이 _ 임경묵
펴낸곳 _ 도서출판 다바르

주소 _ 인천 서구 건지로 242, A동 401호(가좌동)
전화 _ 032) 574-8291

지은이 _ 임경묵 목사
　　　　연세대학교 신학과 졸업
　　　　장로회신학대학교 신대원 졸업(M.Div.)
　　　　장로회신학대학교 대학원 졸업(Th.M.)
　　　　현) 주향교회 담임목사
　　　　현) 다바르 말씀 사역원 원장

기획 및 편집 _ 장원문화인쇄
인쇄 _ 장원문화인쇄

ISBN 979-11-974735-4-8